教育部人文社会科学重点研究基地
吉林大学中国国有经济研究中心
中国工业经济学会
吉林大学经济学院

国有经济评论
Review of Public Sector Economics

2014年3月 第6卷 第1辑（总第10辑） Vol. 6, No. 1 March 2014

主编 徐传谌

经济科学出版社

图书在版编目（CIP）数据

国有经济评论. 第6卷. 第1辑/徐传谌主编. —北京：经济科学出版社，2014.3
ISBN 978 - 7 - 5141 - 4409 - 3

Ⅰ.①国… Ⅱ.①徐… Ⅲ.①中国经济 - 国有经济 - 研究 Ⅳ.①F121.21

中国版本图书馆 CIP 数据核字（2014）第 043367 号

责任编辑：柳　敏　李晓杰
责任校对：杨　海
责任印制：李　鹏

国有经济评论（第6卷　第1辑）
主编　徐传谌
经济科学出版社出版、发行　新华书店经销
社址：北京市海淀区阜成路甲 28 号　邮编：100142
总编部电话：010 - 88191217　发行部电话：010 - 88191522
网址：www.esp.com.cn
电子邮件：esp@esp.com.cn
天猫网店：经济科学出版社旗舰店
网址：http://jjkxcbs.tmall.com
北京汉德鼎印刷有限公司印刷
华玉装订厂装订
787×1092　16 开　9.75 印张　250000 字
2014 年 3 月第 1 版　2014 年 3 月第 1 次印刷
ISBN 978 - 7 - 5141 - 4409 - 3　定价：30.00 元
（图书出现印装问题，本社负责调换。电话：010 - 88191502）
（版权所有　翻印必究）

主编的话

《国有经济评论》（Review of Public Sector Economics）是由吉林大学中国国有经济研究中心主办、中国工业经济学会和吉林大学经济学院协办，由经济科学出版社公开发行的学术文集，发表国内外学者在国有经济基础理论、国有企业改革与发展、国有资产或资源管理研究、国有金融银行业发展和中外国有经济比较等研究内容，下设"国有经济基础理论"、"国有企业改革与发展"、"国有金融理论"、"产业经济"、"公共财政"和"中外国有经济比较"，以及"文献综述"和"书评"等部分，涵盖经济思想史、产业经济学、新制度经济学、经济发展史和公共选择经济学等研究领域，旨在通过这个平台，广泛动员国内外学者和研究人员，共同关注国有经济理论与实践问题，开展全面细致的研究，力求运用规范的经济学语言讲述我们自己的故事。

吉林大学中国国有经济研究中心是教育部人文社科重点研究基地，是目前国内唯一一所以研究国有经济为主要内容的重点研究基地，有产业经济学、制度经济学和政治经济学三个博士点，理论经济学博士后流动站。

中国工业经济学会是经中华人民共和国民政部批准注册登记、挂靠中国社会科学院工业经济研究所的全国性社团法人，是中国工业经济研究方面重要的学术团体。

《国有经济评论》将努力发挥中国国有经济研究中心作为教育部人文社会重点研究基地的平台作用，尤其在吉林大学"985"工程（三期）项目资助下，继续力争成为国有经济理论与应用研究及相关学科的全国性学术交流平台，为构建中国特色社会主义市场经济理论贡献我们自己的力量。

在我国社会主义市场经济体制逐渐完善的过程中，迫切需要经济理论指导，《国有经济评论》正是在结合我国基本国情的基础上，在发表国内国有经济理论学者优秀研究成果的同时，还将介绍和评论国外一流国有经济研究学者的前沿性工作，借此推动中国国有经济理论与应用研究的现代化和国际化进程，鼓励学者投身于国有经济理论研究，最终创立起具有中国特色的国有经济理论体系，支持国有经济改革、完善和发展，为中国特色社会主义市场经济理论再添研究和交流平台。

为了更好地与国际接轨，追踪经济学前沿，我们列出历届诺贝尔经济学奖得主及其研究领域，并在每期介绍一届获奖者对经济学的贡献。我们愿意与学者们共同努力，使《国有经济评论》茁壮成长起来。

《国有经济评论》 主编
中国国有经济研究中心 主任

国有经济评论

目　录

理论前沿

后金融危机我国国有经济功能的重新审视
.... 汤吉军　1

理性预期：关键性决策过程的谬误基础
.... 保罗·戴维森　10

关于全面构建"大国资"体制的理论分析
.... 梁　军　19

推进我国国有垄断行业改革研究
.... 王　佳　30

国企改革

金融监管视角下的国有金融资产管理
.... 张志前　李政德　38

国有企业改革的目标转换、路径演变及其对策分析
.... 石　涛　52

国有企业社会责任的分类分析与应用
.... 汤　鹏　卢　瑛　61

产业经济

国有企业高管继任与战略行为关系
　　——以电信行业为例
.... 邵剑兵　安　曼　张金玉　73

国有企业去垄断化的路径探究
　　——以铁道部改制为例
.... 索一冉　102

森林食品及北药产业发展研究
　　——以伊春市为例
　　　………………………………………………………… 赵红艳　张　壮　111

文献综述

我国产业结构影响因素与经济绩效最新文献：一个综述
　　…………………………………………………………………… 郭广珍　121

诺奖概览

1978年诺奖得主西蒙简介
　　………………………………………………………………………………… 141

Review of Public Sector Economics

CONTENTS

THEORETICAL FRONTIER

Review of State-owned Economic Function of China in the Post Financial Crisis
.... *Tang Jijun* 1

Rational Expectations: A Fallacious Foundation for Studying Crucial Decision
Making Process
.... *Paul Davidson* 10

Analysis of a "Major State-owned Assets" System Theory Built Comprehensively
.... *Liang Jun* 19

On Enhancing the State-Owned Monopoly Industries Reform
.... *Wang Jia* 30

STATE – OWNED ENTERPRISE REFORM

Management of State-owned Financial Assets under the Perspective of Financial
Supervision
.... *Zhang Zhiqian Li Zhengde* 38

Analysis on the Objective Convert, Evolutionary Path, and Suggestions for
State-owned Enterprises
.... *Shi Tao* 52

Ponder Over the Analysis and Application of Social Responsibility Classification of
State-owned Enterprises
.... *Tang Peng Lu Ying* 61

INDUSTRIAL ECONOMY

The Research on the Relation of Executive Succession and Strategic Behaviors of
SOEs-Base on China Telecom Industry's Cases
.... *Shao Jianbin An Man Zhang Jinyu* 73

The De-Monopoly of State-owned Enterprises in the Case of Ministry of Railways
Reform
.... *Suo Yiran* 102

Forest Food and North Pharmacy Industry Development Research in Yichun City
··· *Zhao Hongyan   Zhang Zhuang*   111

LETERATURE REVIEW

An Analysis of the Effect of Industrial Structure on the Performance in China
  Based On the Recent Domestic Literature
··· *Guo Guangzhen*   121

BRIEF INTRODUCTION OF NOBEL LAUREATES

Outline and Introduction of 1978 Simon   ···   141

〔理论前沿〕

后金融危机我国国有经济功能的重新审视[*]

汤吉军

(吉林大学中国国有经济研究中心 吉林 长春 130012)

内容摘要：本文通过统计数据真实说明在2008年新一轮国际金融危机之后，我国国有经济仍然发挥重要作用，从而避免经济陷入严重衰退的最重要因素。在此基础上，我们通过理论分析探讨国有经济与非国有经济比例优化问题，在市场经济中提升国有经济功能，为国有企业深化改革与发展提供一些政策主张。

关键词：金融危机；市场经济；国有经济功能

一、引　言

国有经济问题，无论是从历史发展的纵向看，还是从横向看，都是一个世界性的经济问题，尤其在2008年新一轮金融危机之后，国有经济的发展引起人们的普遍关注和反思。从我国实际情况可以看出，国有经济有着特殊性质，在国民经济中起着特殊功能，仍然发挥着脊梁和骨干作用。

一般说来，国有企业所有权并不简单地体现在国家所有这个层次上，更主要体现在国有企业是实现国家经济职能的特殊企业。具体包括：一是国有企业是由国家经济职能派生出来的，从而直接掌握生产经营的物质力量；二是现代企业是适应社会化大生产的需要，从而要求国家采取企业的形式去实现国家经济职能，这时国有企业便会产生；三是国有企业是国家性与企业性的高度对立统一。一方面，国有企业的行为方式必须是企业化的，这与国家机关是对立的；另一方面，国有企业是国家创立的，必须执行国家的有关经济政策，往往国家意志高于企业自身的意志，这

---

[*] 本研究得到国家社会科学基金重大项目（批注号13&ZD022）；国家社会科学基金项目（批准号12BGL009）和吉林大学"985工程"项目的资助。同时感谢2011中国国有经济发展论坛给予机会作演讲。

汤吉军（1971～　），男，辽宁凤城人，吉林大学中国国有经济研究中心副主任，教授，经济学博士，博士生导师，主要从事产业经济研究。

是企业与国家的统一,服从公共利益。

只有认识到国有企业的组织优势,才能真正去实现国家的经济职能,否则就可以使用行政性手段,包括财税、金融与物价等间接手段,因而需要找到国有企业的准确定位,发挥国有企业的最大功效。

在市场经济条件下,在功能作用上,国有企业与一般企业的不同在于,一般企业着眼于具体的产品和服务运作,以利润最大化为根本目标,其行为受到市场左右,有着自发行为。而国有企业虽然也具体经营产品和服务,但它们主要受国家经济职能主导,着眼于整个社会的经济变动,有着自觉行为,以市场经济为基础,注意扩大市场经济的正面效应,抑制其负面效应,有时代替市场发挥调节作用。

一是直接参与经济活动:与一般企业不同,哪里有利可图就往哪里发展,国有企业则着眼于整个国民经济的发展,在最重要、最关键的领域推动社会经济发展;一是对社会经济发展的基础支撑作用,承担建设规模大、资产专用性强、风险高、利润低的基础行业或基础设施;二是对社会经济的先导开拓作用,国有企业是科研产业、技术产业和新兴部门的主要开拓者,耗费巨资在国际上领先;三是对国民经济建设的加速推动作用。国有企业以国家经济实力为后盾,对资源配置力度、生产要素组合力度都强于一般企业,可以产生巨大的生产能力;四是对国家综合实力不断壮大作用。国有企业借助国际资本,组建巨型企业、企业集团,积极参与国际竞争,提高国家综合实力。

二是宏观调节经济活动:一是对经济发展的协调平衡作用,可以加速地区、部门、产业之间的协调发展,实现结构优化;二是对微观经营的引导扶持作用,可以通过股份制或国有民营,鼓励竞争,限制垄断,营造良好的发展环境;三是对市场经济的修复弥补作用,尤其在经济周期或经济危机,国家可利用国有企业提供就业机会,确保社会稳定,同时又可以托管、收购困境企业,把市场经济的失误或失败尽快修复起来;四是对社会成员的公平保障作用,肩负公平的经济职能,包括增加就业机会、保证公共事业廉价服务,以及廉价住宅等。

二、金融危机后国有企业功能的实际情况

为了更清楚地了解国有经济功能和提升方向,我们从以下几个方面来看国有经济发挥的重要作用。

1. 国有经济固定资产投资水平

如图1所示,2008~2010年期间,国有经济固定资产投资保持高速增长,增速分别达到了43.1%与19.5%。

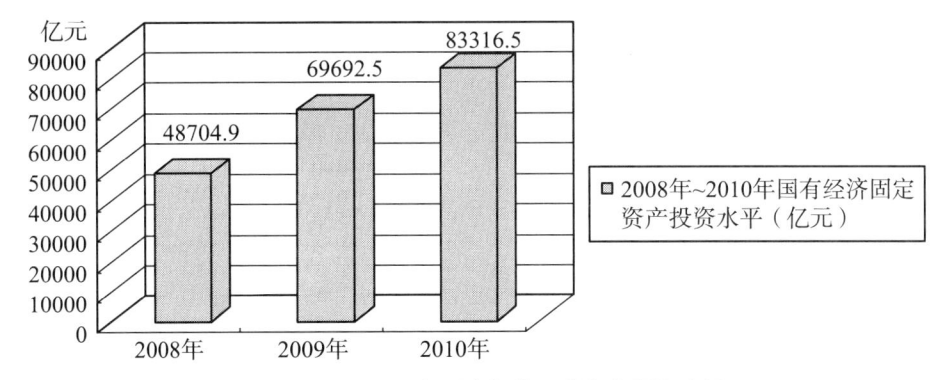

图1 2008～2010年国有经济固定资产投资水平

由图2可知，2008～2010年期间，国有经济固定资产投资占全社会总投资的比重始终保持在30%左右，2009年与2010年比2008年的比重稍高。此外，国有经济固定资产投资占全社会总投资的比重高于其他类型经济，这些都充分说明国有经济是固定资产投资的最重要的主体。

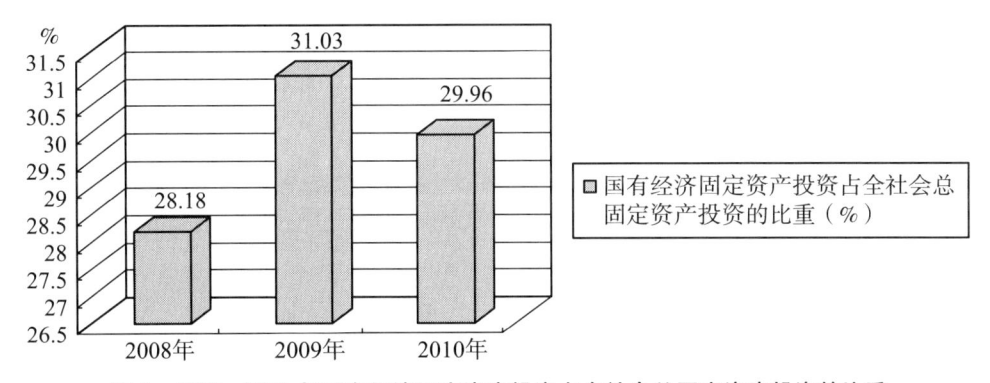

图2 2008～2010年国有经济固定资产投资占全社会总固定资产投资的比重

2. 国有工业企业（包括国有及国有控股）产出水平

与2008年相比，由于受到国际金融危机等各种内外部因素的影响，2009年国有及国有控股工业企业工业总产值增长幅度很小，基本保持原有水平（见图3）。2010年，由于宏观调控政策功效的发挥，工业总产值获得了大幅度增加，增长幅度为26.76%。

与2008年相比，随着国有经济布局和结构的不断调整，2009年与2010年国有及国有控股工业企业工业总产值占全国工业总产值比重呈现不断下降趋势（见图4），逐渐向国计民生行业转移。

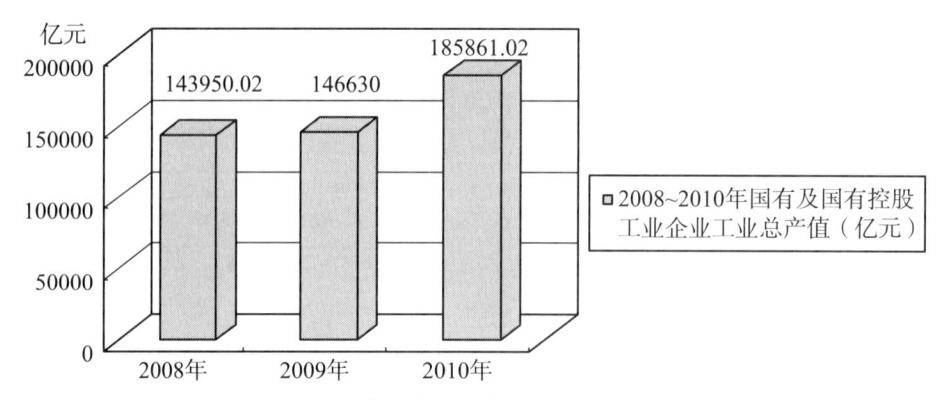

图3 2008~2010年国有及国有控股工业企业工业总产值

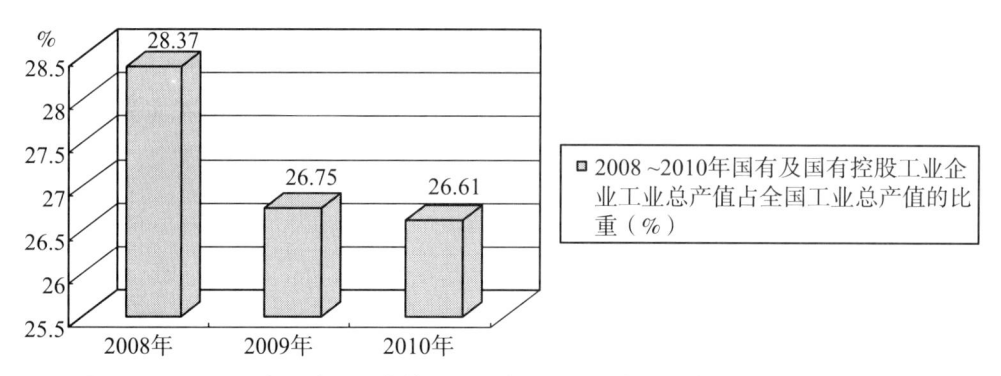

图4 2008~2010年国有及国有控股工业企业工业总产值占全国工业总产值的比重

3. 国有企业上缴税金

2008~2010年期间，国有企业上缴税金不断增加，增速不断加快（见图5）。

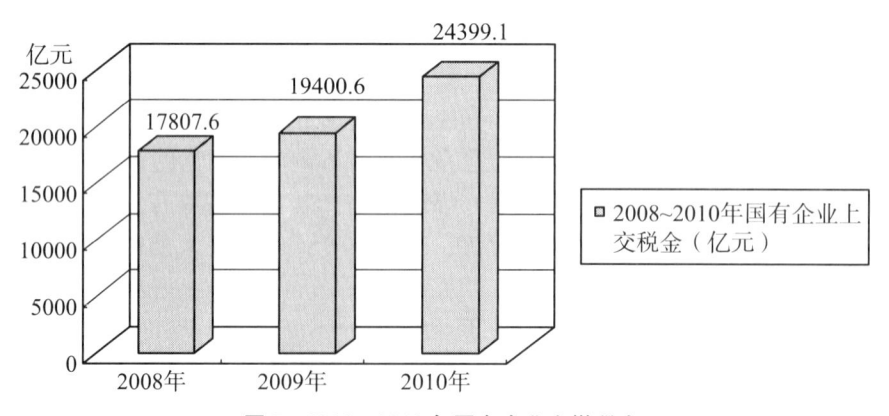

图5 2008~2010年国有企业上缴税金

2008~2010年期间，国有企业上缴税金占全国税收的比重变化幅度不大，约占三分之一，充分体现出国有企业对于全国税收的重要性（见图6）。

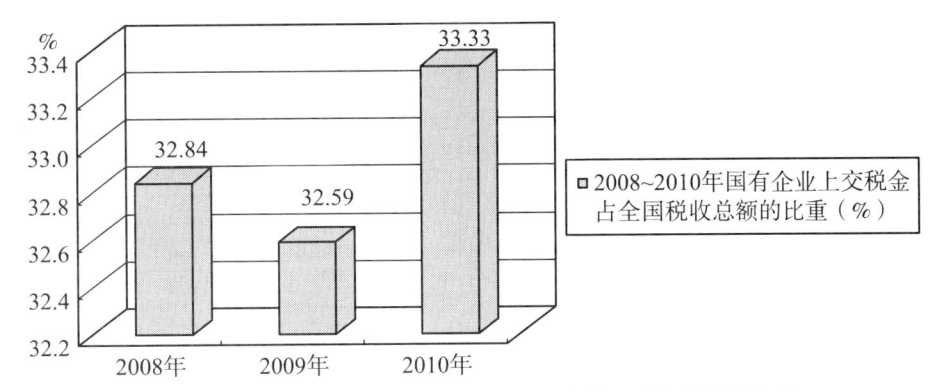

图6　2008～2010年国有企业上交税金占全国税收总额的比重

4. 国有工业企业利润

与2008年相比，2009年国有工业企业利润增幅达13.08%，2010年比上一年增速高达48.73%（见图7）。

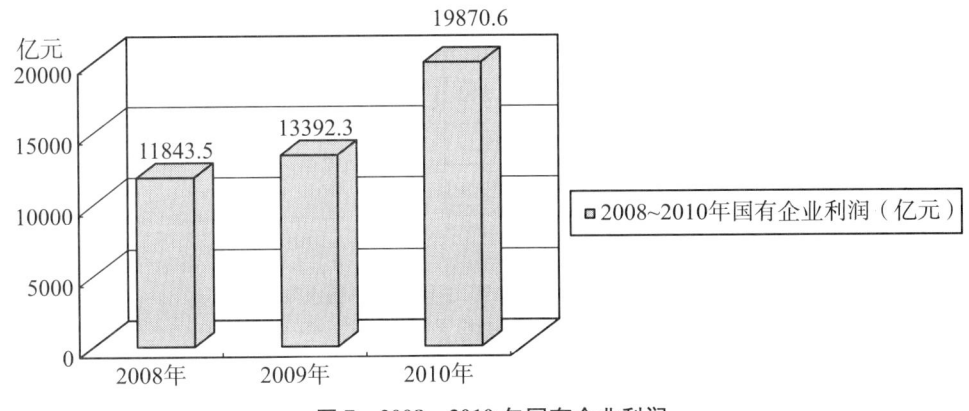

图7　2008～2010年国有企业利润

5. 国有单位就业人数占总就业人数的比例

与2008年相比，国有经济就业人数占总就业人数的比例变化幅度不大，2009年稍低于2008年，2010年略高于2008年，在8.5%左右（见图8）。这表明国有单位仍然是保障就业不可忽视的重要力量。

6. 国有企业进出口额

与2008年相比，由于受到国际金融危机的严重冲击，国有企业的进出口额均有大幅度下降。随着国家各项有力措施的实施，国有企业逐步克服金融危机的影响，进出口逐渐扭转了颓势，额度不断增加。2010年，进口额度明显回升，进口额超过了2008年，但是出口额仍低于2008年，这说明国有企业方面的进出口是逆差，正好可以用来矫正宏观经济的顺差（见图9）。

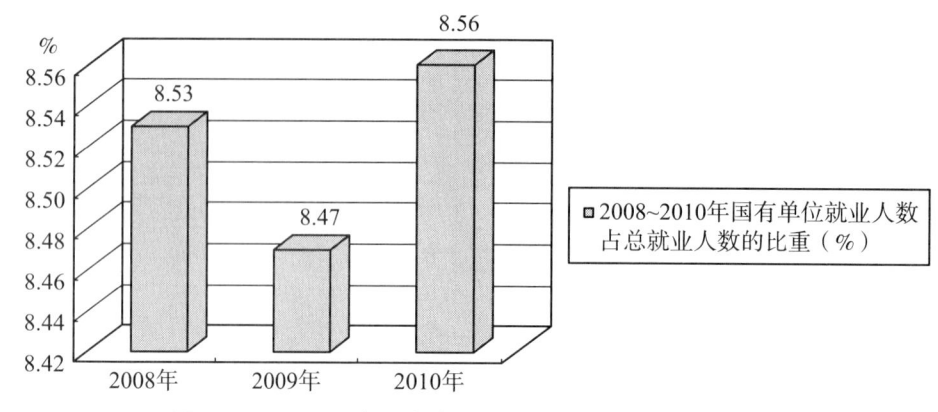

图8 2008~2010年国有单位就业人数占总就业人数的比重

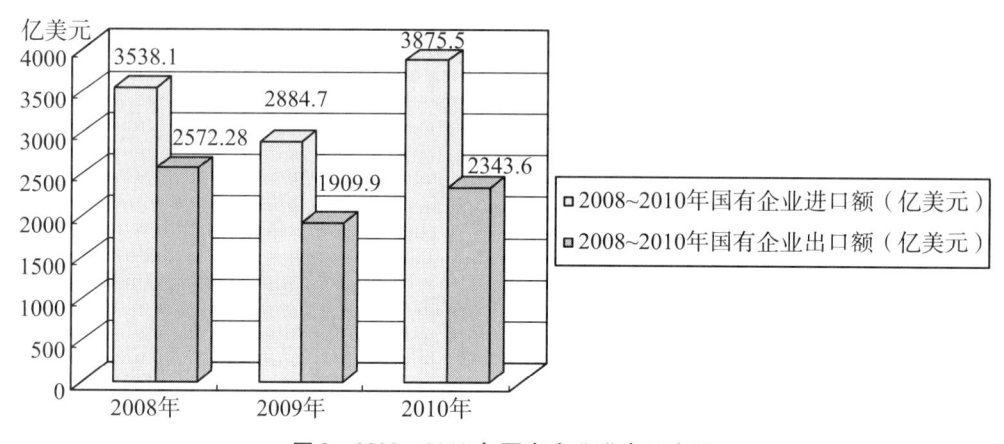

图9 2008~2010年国有企业进出口水平

注：图1~图9的数据都来自于《中国统计年鉴》。

三、市场经济条件下国有企业功能存在的必然性与变动性

虽然在成熟市场经济国家，政府干预是为了弥补市场失灵。但是对于我国当前正处于经济危机时期，通过以上数据可以看出，国有企业应承担更多的任务，一是实行国有经济结构调整和战略转移，改善和加强国有经济应该控制的经济领域；二是促进市场经济微观主体的发育，将一部分国有企业改造成参股企业或民营企业；三是国有经济固定资产投资是促进经济增长最重要的因素；四是国有经济也是保持国际收支平衡的重要力量。

由于我们实行市场经济体制，那么必然存在一些弊端，就需要加以克服，因而需要有清醒的认识，避免出现经济衰退和经济危机。

首先，在市场经济条件下，"永远有国有企业，但没有永远的国有企业"。企业所有制结构绝不是先验设定的，而是由技术发展条件（生产力）、竞争程度和政

府管制（生产关系）等多种因素共同决定的结果，以为只有政府政策能够划定企业所有制结构，显然是脱离现实的教条主义。斯蒂格利茨说过："美国是一个混合经济，公共部门不是要不要的问题，而是和私人部门之间保持什么样的比例的问题"，而且，"政府和私人部门的比例似乎是随时间推移而摆动的，"因此，他认为："找到公共部门和私人部门在经济上的适度平衡是经济分析的中心问题。"即使经济合作与发展组织（OECD）成员也在战略服务领域实施国有化，包括电信、铁路、电力、石油天然气、航空和金融行业等。

其次，任何制度运行都需要成本，即使私有制也是如此，甚至说私有化本身也需要支付成本，所以我们不能简单地说私有制优于公有制，而是需要分析哪种制度下运行成本的大小，替代性措施是什么。科斯指出："事实上，当我们偏离市场平滑运行的状况时，在决定公共政策应该是什么的问题上，没有捷径可走。尽管市场运行很糟糕，但依赖市场可能还要比依赖一些替代性的政策要好；另一方面，直接的政府管制也可能是对此恰当的反应"。虽然科斯不反对任何能使总体情况变好的政府支出，但他主张，我们还是应该在它们所做的好处大于损害时，才设立政府部门。因此，国有经济在如此庞大的规模上运行，已经达到了"边际产量为负"的状态，所以必须加以深化改革，重新焕发其市场活力。

最后，在市场经济条件下，国有企业的功能主要是调节社会经济和市场经济的发展。国有企业是现代社会化大生产条件下，配置资源的一种有效方式，它对经济的作用范围和影响力往往大于非国有企业以及间接宏观调控政策。马克思曾指出："只有当理论讨论从流通过程转向生产过程时，现代经济学才能算做真正的科学"。霍奇逊也曾指出："由于新古典经济学将劳动和资本对称的错误观念，从而带来一个错误的思想：生产本质上一个配置而非创造过程，往往专注配置而忽略生产"。也就说，通过生产而不是流通角度，可以看到国有企业优势——便于学习和获得技能、雇佣合同的特殊特征。市场经济必然出现种种失误或失败，需要国家适当干预和调节，国有企业就是政府直接作用经济的物质手段和运作载体。

因此，我们需要分析国有经济比重及其变动原因，从理论上探讨国有经济比重的内生性。我们分析在社会总经济成本一定的条件下，使国有经济发挥功效最大，进而使国有经济与非国有经济实现最优比例。

在图10中，横轴表示国有经济数量，纵横表示非国有经济数量，AB表示社会总成本，其中国有经济运行成本用类似于其价格表示，非国有经济运行成本也用类似于其价格表示，从而在 E_1 点实现均衡，此时国有经济和非国有经济数量分别为 S_1 和 NS_1。如果国有经济价格变大，那么AB变成AC，国有经济数量就会变少。反之，国有经济价格变小，那么AB变成AD，国有经济数量就会变大，从而可以内生地解释国有经济与非国有经济比例的变化。

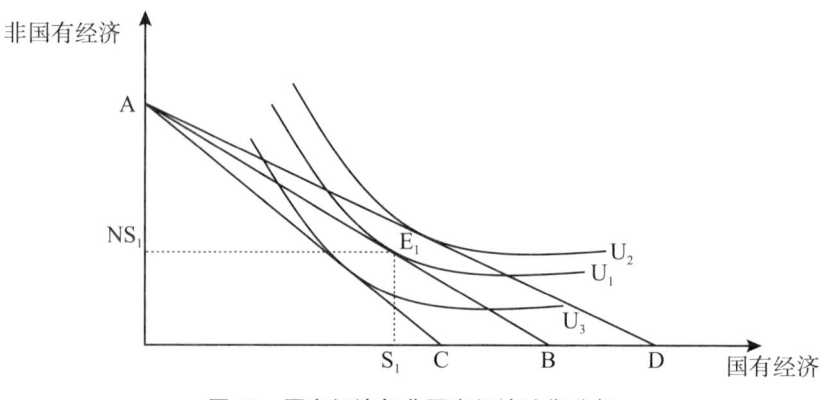

图10 国有经济与非国有经济均衡分析

需要指出，如果要在发挥整体功效一定的条件下，社会经济成本需要支出最小化，也可以看出国有经济与非国有经济之间的比例问题，从而可知，国有经济与非国有经济的互补性。

四、结论及功能提升展望

不管怎样，国有企业在现实经济生活中发挥重要作用，但仍然存在诸多问题，因而需要完善现代企业制度，加强信息透明和信息披露，与一般商业竞争型企业一道，参与市场公平竞争，在竞争中谋发展。同时，国有企业还要承担起中国市场经济发展的责任，包括社会责任和环境责任，以及对充分就业、物价稳定、经济增长和国际收支平衡等宏观调节，这些都需要我们进行理论创新和实证分析，而不是简单地进行规范研究。具体来说：

第一，发挥国有经济对市场的调节、保障和引导作用，尤其是不确定性、资产专用性非常明显情况下，国有企业发展空间大，产权改革并不是充分条件。如果市场结构不改革，即使私有化效率也不会太高。

第二，继续优化产业结构调整，致力于推动国民经济的战略部门和命脉行业的发展，包括战略性新兴产业和高新技术产业，加强控制力、影响力和带动力。这些投资面临的风险和固定资产投资很大，需要政府投资。

第三，增强综合国力，提高国际竞争力，参与国际分工和合作，努力在全球化竞争中发展国有企业。

第四，加快转变经济发展方式，不断提高素质，壮大规模，巩固和发展公有制经济，充分发挥所有制竞争机制。不是先验地假设那种所有制孰优孰劣，而是在充分竞争中被决定。

第五，随着市场经济不断成熟，参与市场竞争越来越激烈，国有企业主导社会经济发展的功能越来越重要，并且越来越需要强化和提高。只有按照这种特殊功能，国有经济改革与发展，才会有出路。或者说只能在功能提升中寻找国有经济的出路，使有限的国有经济主要地或更多地服务于其主导社会经济发展的功能，包括加强国有经济布局战略性调整，有进有退，有所为有所不为的方针，加快国有企业改制和重组等。

总之，针对我国具体国情，深入探讨国有经济发挥作用的内在机理，在市场经济条件下避免经济衰退和经济危机，正确定位国有经济功能，不断完善深化国有经济改革，尤其是包含中国元素的经济发展模式，创建中国特色的社会主义市场经济体制理论与实践。

参 考 文 献

1. 谢敏：《宏观视角下的中国国有经济控制力》，中国经济出版社2010年版。
2. 刘中桥：《中西方国有企业发展比较》，经济科学出版社2000年版。
3. 韩玉玲：《中外股份制企业比较研究》，中国财政经济出版社2010年版。
4. 经济合作与发展组织：《国有企业公司治理》，中国财政经济出版社2008年版。
5. 斯蒂文·米德玛：《科斯经济学》，格致出版社、上海三联书店、上海人民出版社2010年版。

Review of State-owned Economic Function of China in the Post Financial Crisis

Tang Jijun

(China Center for Public Sector Economy Research, Jilin University, Changchun Jilin 130012, China)

Abstract: The real explanation after a new round of the 2008 international financial crisis through statistical data, our country state-owned economy still play an important role, so as to avoid the economy into the most important factor of a severe recession. On this basis, through theoretical analysis of the state-owned economy and non state-owned economy proportion optimization problems, enhance the state-owned economic functions in the market economy, and provides some policy propositions for deepening the reform of state-owned enterprises and development.

Key Word: Financial Crisis; Market Economy; State-owned Economy Function
JEL Classifications: G01 P2

理性预期：关键性决策过程的谬误基础

保罗·戴维森[*]

理性预期假设（Rational Expectation Hypothesis，下文简称 REH）的支持者提出他们已经发展了一套解释预期形成过程的一般理论。为了确保这些理性预期可以产生有效、无偏的预测，而且随着时间推移不会显示出与实际结果有系统性错误，REH 理论家假定信息存在并可被一切信息决策者获取。信息主要包括量化的时间序列数据，可以被看作是随机过程的有限实现；根据这些数据，当前和所有未来的实际结果的概率分布都可以被预期到，或者正如穆斯（Muth, 1961）提出，"假设可以更准确地被重述为：依据同样的信息，企业（或者再宽泛些，对于结果的'主观'概率）的预期，往往会依照理论（或者结果的'客观'概率）的预测所分布"。

卢卡斯（Lucas, 1972）将 REH 整合进一般均衡理论里，他要求所有市场的信息都随时保持一致，这样，即使在通常假设的价格变动等情况下，也可以随时达到市场出清的结果。近来，卢卡斯（Lucas, 1980）认为当预期为外生变量时就不应该去建立经济模型。任何提出的模型中的决策者使用的所有可获得信息必须随时与一般均衡理论协调一致。否则，模型的建立者必须解释为何没有使用这样的信息。

在某些逻辑情形下，那些希望不因时间的推移而出现持续性错误的当事人，不会采用与当前概率结构有关的（任一时间点的）现有信息，本文将通过对此作出解释来展开对理性预期假说（REH）的批判性评论。本文的研究方法与阿罗（Arrow, 1978）和托宾（Tobin, 1981）的方法有所不同，也不同于其他一些学者，这些学者在对理性预期假说评价时，所采用的 REH 模型假设条件与现实世界观察并不一致。这些错误的假设条件（如所有市场同时出清、期货市场上所有意外事件都不存在，等等）适用于大多数均衡理论，其中就包括阿罗和托宾所采用的某些理论，因而这些假设条件对于 REH 并不是唯一的。此外，卢卡斯（Lucas, 1981）承认，REH 中存在一个"明显的人工世界"，但他坚持认为，"在许多方法中，模型中对于类比方法本质的看法与现实是有差距的，对于类比方法的误导影响的观点在模型和现实中也有所不同，成功的评价必须超越这些方法"。

在不否定阿罗和托宾明智的评价情况下，我们应直接对卢卡斯提出的难题做出

---

[*] Paul Davidson, 1982: Rational Expectations: A Fallacious Foundation for Studying Crucial Decision Making Process, Journal of Post Keynesian Economics, 5 (2): 182 – 198.
译者：安然（吉林大学经济学院博士研究生）。

回应，并表明：(1) REH 不是通用的预期形成理论；(2) REH 类比法在企业家制定关键决策时有着误导作用。当做关键性决策时，明智的当事人会拒绝使用与目前概率结构相关的信息作为其预期的基础，当确定关键决策之后，这种对理性预期的依赖就会导致出现连续失误。

本文第一部分将简要讨论随机过程，并藉此指出一些逻辑条件，即那些非遍历情形的逻辑条件，此时，理性预期会导致因时间推移而出现连续失误。第二部分将提出充分的经济条件，来说明为何经济学中存在着一个重要的非遍历事件。第二部分表明，一旦考虑了非遍历性，凯恩斯的宏观经济分析便是正确的。

希克斯爵士、沙克尔和其他人曾中肯地指出：现实世界的经济情形是非遍历的。而 REH 的支持者却勉强承认这种可能性，这表明他们只是把非遍历经济事件的重要性当作某种信条，而不作为任何逻辑或科学的基础。

一、随机过程

随机过程可以定义为取决于某一参数的随机变量集，这些随机变量能够表示具有特定概率的给定值。如果随机变量很好地代表全部的时间点，并且所有的随机变量分布函数（累积概率分布）都与时间独立，那么严格意义上，随机过程是平稳的，而广泛意义上的平稳则只要求前两个时间点不得为日历时间函数。亚格罗姆（Yaglom，1962）指出，在实际过程中，几乎很少遇到广泛意义上的平稳随机函数，更多的是严格意义上的非平稳随机函数。就关联性理论而言，广泛意义上的平稳性更具关联性。然而，关联性理论并不能替代完整的随机变量理论。对于常规的随机函数，这两个稳定性的概念则是"完全一致的"。

平稳性概念是指平稳过程的概率结构与绝对时间（历史时间）无关（Wald，1965），即意味着当进行某项实验时，历史时间本身并不影响结果。

在随机过程理论中，"某种实现构成了某种单一时间序列，而过程则构成这些时间序列的全集"（如前所述）。

随机过程理论是理性预期假说（REH）的基础。在 REH 模型中，自然被看成是在不考虑消亡的情况下，对随机过程中的事件进行甄别，过程所产生的实现受到各个决策者的观测。因此可以假设，自然指的是"从固定的累积概率分布函数中确定事物的独立决定因素"（Lucas & Sargent，1981）。可以说，经济决策者都是在考虑给定分布函数数学期望的基础上来最大化各自的收益（随机过程中固有的条件概率是经济结构的基础）。根据卢卡斯和萨金特（Lucas & Sargent，1981，下文简称 L-S）的观点，在给定最大化目标函数，并在已知当前和未来状态的条件下，期望值（平均值）能够对所有实现值进行最佳预测。当然，期望值涉及"相关"的累积分布函数。在考虑规范性决策理论时，L-S 称："即便不完全等同，那么决策者采用的主观 z 分布函数 f（经济世界状态的分布函数）和产生数据的实际分布函数 f 至少在理论上是和某种显示方式联系在一起的，认识这点十分重要。理性预期假说相当于把主观 z 分布等同于客观分布 f"（Lucas & Sargent, 1981）。

1. 遍历过程以及统计平均值与时间平均值

隐含假设认为通过 REH 能够获得无连续误差的预测，为了理解这种隐含假设，就必须对统计平均值和时间平均值进行区别。瓦尔德（Wald, 1965）认为，"统计平均值也称为空间平均值，是指在某固定时间点，总体实现值的平均值……，时间平均值又称阶段平均值，是指在某固定实现值，无限时间域的平均值"。

如果某随机过程是平稳的，那么每一时间点的统计平均值是相同的。如果该随机过程是遍历性的，那么对于一个无限的实现，时间平均值和统计平均值将是一致的。对于遍历过程中的有限实现，统计和时间平均值将趋于收敛（概率为 1）。结果，当过程是遍历性时，则可以通过计算时间平均值来对空间平均值进行估测，或者，通过计算（基于截面数据的）空间平均值来对时间平均值进行估计。

因此可以推断，对于 REH 预期形成理论，如果想获得有效的、正确的、无连续误差的预测，不仅在任何时间点主客观分布函数必须都等同，而且这些函数必须来源于遍历性过程。换言之，只有当随机过程是遍历性时，对于任一时间点，未来结果的平均预期才不会与时间平均值相差悬殊。正是遍历性这种隐含假设，使得穆斯（Muth, 1961）得出这样的结论："在一个行业中，尽管存在大量的横截面意见分歧，但预期平均值比某些简单模型更为精准，并且和精密的方程系统一样准确"。因此，REH 的支持者认为，虽然企业家们有时会出现一些失误，但他们可以通过统计平均值来正确地预测时间平均值。

然而，如果经济未来是非遍历的，那么只有当各时间点的条件预期值与现有的分布函数相关联时，对于所有当前和未来状态的预测结果才可能是有效的、正确的。虽然如此，这些预测结果可能与时间平均值有所不同，随着时间推移，时间平均值也经历从产生到变成历史的过程。当决策者意识到未来时间序列数据是在关键性非遍历情形下产生的，并且如果他们想要在未来避免出现连续失误，那么他们在考虑 t_0 时刻的客观分布函数时，就会摒弃理性预期。如果企业家们怀疑非遍历条件将导致未来分布以某种不可预测的方式出现不同时，他们很可能会放弃当前分布函数的所有有效信息（例如下文中的关键决策过程①）。在这种情形下，人们可能只"知道"未来客观分布函数和过去和当前的函数有所不同，除此之外，很难通过以往来获知未来客观分布函数。

因此一般地，REH 的逻辑适用性必然关系到遍历经济过程的存在及其重要性。这就好比，再转换的逻辑可能性体现出了新古典函数分布理论的局限性，因此，无论分布函数是否存在，无论决策者的主观分布函数和各时间点的客观分布函数是否

---

① 所谓关键性决策是指在交易成本大量存在条件下，那些具有不可逆投资的决策就是关键性决策。否则，如果没有沉淀成本，那么任何投资都可以毫无成本损失地转换投资决策，也就不是关键性决策——译者注。

等同，可能出现的非遍历经济条件都将显示出 REH 的逻辑局限性。

二、非遍历的经济世界

重大经济现象中，非遍历情形为非空集，这点很容易得到证实。对于遍历性，平稳性属于必要非充分条件。因此，如果我们生存在一个非平稳日历时间的经济世界，那么 REH 就会导致连续的误差。

1. 日历时间中的过程

平稳性要求在时间轴改变的情况下，有限维度的分布函数仍保持不变。也就意味着，描述某一事件发生概率数值的随机函数是这样的："所有观察的宏观因子都不会及时地影响事件的变化"（Yaglom，1962），即，系统的基本参数不要随着历史时间而改变。那么在经济领域中，是否存在引力常数的变量呢？

如果经济过程发生在历史时间，进而这种过程也是不平稳的，换句话说，如果要把随机过程作为基础，而该随机过程的分布函数又不独立于历史时间，并且分布函数中的变化率也不独立于日历时间，那么很明显，此时的经济世界是非遍历的，并且任何估算出来的统计平均值（这些平均值能够表示理性预期）都将与未来实际经济中的时间平均值有所不同。

许多经济学家认为经济是穿越历史时间的一种过程。在我们讨论的背景下，这意味着相关的分布函数与时间有所关联，进而经济过程是非遍历的，因此，经济世界并不处于统计（实验）可控状态（Davidson，1981）。

凯恩斯特别强调不确定事件和概率事件之间的区别，尤其是涉及资产积累和流动性占有的决策时。1973 年，在为《通论》做辩论时，凯恩斯写道："让我来解释一下'不确定'知识的意思，这里不仅仅是区分什么是确切已知的，什么只是可能的。从这层意义上说，轮盘游戏并不隶属于不确定之情形……。在我所采用的这个术语意义中，欧洲战争前景是不确定的，或者铜的价格及其二十年的利率，或者某种新发明的退化是不确定的……。对于这些事件，并不存在科学的理论来计算出它们的概率。我们压根儿就不知道！"（Keynes，1973b）。

这种不确定事件和概率事件这件的区分，在凯恩斯早期研究《概率论》（1973a）中就有所体现：在书中，他强烈地抨击了拉普拉斯学派（现代贝叶斯分析的奠基者）的逻辑基础。遗憾的是，在凯恩斯的有生之年，他未能进入莫斯科概率学院进行细致的研究工作，而正是这所学院发展了随机过程的现代理论标准。因此，回顾过往，在关于这样的过程中，我们也只能寻求去重新理解凯恩斯对不确定和概率事件区分的这种良好的直觉。

在现实的分析中，凯恩斯认为无法对某些事件进行概率分布，这种观点反驳了那种认为所观察的经济现象只是任一随机过程的结果：许多经济事件甚至连短暂的概率结构都没有。

为了对概率理论进行运用,就必须假设在相同的条件下,可以进行重复的实验,这样在原则上,可以在大量实现值的基础上计算出随机函数的各时间点。事实上,正如亚格罗姆(Yaglom,1962)指出的那样,对实际的随机函数进行观察和处理随后的数据,代价非常昂贵且过程复杂。因此,"理想的情况应该尽可能处理少量的实现值"。根据少量的实现值来计算某平稳随机函数的时间点,这种计算的前提是需要假设遍历性定理适用于所研究的问题。

对于宏观经济函数,由于只有一个实际经济体,因此可以认为只存在一个实验,进而也不存在相关的横截面数据。如果我们过去和现在的经济世界都不是宏观的,则概念上来讲,未来的经济世界也不是宏观的,那么相关分布函数的整个概念定义就值得商榷了。我们认为,如果所有的宏观信息只存在某实现过程的有限部分(过去和现在),那么分布函数在逻辑上是不可定义的。对于该理论,实现的总体至少在概念上应该是存在的,因此随机过程的数学理论对于宏观经济现象的适用性是值得质疑的,当然前提是如果该理论在原则上是有效的。

如果以更为适度的水平来讨论各种理性预期理论时,我们认为凯恩斯对于所有的经济事件考虑了概率结构的存在性。对于某些事件,如果当事人没有足够的信息来确定未来的可能性,那么对于这种事件的"不确定",无论是(a)当事人意识到客观分布函数会随着时间推移而"受限于一些突然的变化"(Keynes,1973b),进而不能把经济世界视为是统计可控的状态;以及/或者(b)当事人认为他们的主观分布函数有时会发生突然的外生变化,因此这种心理学上的函数永远无法成为客观的函数,即便后者在日历时间的延生上是同质的。总而言之,对于本文所讨论的决策类别,凯恩斯的"不确定"观点同时否定了客观和主观随机过程的存在。

在不平稳的经济世界中,无论概率结构是否存在于各时间点,都将受限于未来的突然变化,而概率很可能与未来事件没有关联。在凯恩斯的经济世界中,货币(及货币流动性)将成为预防不确定性的手段。明智的当事人渴望将货币流动性作为缓冲手段,而非不确定事件,因为他们或许意识到基于 REH 做出的预期可能会产生系统性错误。在这样的背景下,对流动性进行掌控将给他们自由来延迟做出承诺,当由于处于不确定时期而没有做出决策时,就可以在其他时间另做决策。

在凯恩斯的革命性分析中,货币及其流动性起着重要的作用,而在新古典理论中,货币的作用是中性的,形成了两个对立的理论阵营,其中对应着非遍历和遍历过程。另一方面,凯恩斯还将前者理论视为动态的,后者视为静态的。对于凯恩斯而言,动态静态术语与现代的用法有所不同,这种动静态两分法并不意味着时间观察和非时间观察的对比。相反,静态意味着不变的、平稳的条件预期(至少在观察期间是这样的),而动态则意味着分布函数中的不可预见的变化(观察期间)。在讨论某一时期的经济体变化时,凯恩斯写道:"形容词'动态'并非一个严格适用的词汇,这是因为,并不是所观察的经济体在某种情形是运动的而在另一情形是平稳的,而是我们自身的预期在某种情形是运动的而在另一情形是平稳的"

(Keynes, 1973b)。对于凯恩斯来说，不平稳的、非遍历的经济世界才是"动态理论"的基础，"这种理论只对货币经济才有意义，而对其他经济无意义"（Keynes, 1973b）。在现实世界中，非遍历性和货币理论是必然联系在一起的。只有在没有遍历过程的世界中，货币才能起作用。

另一方面，在遍历过程的世界中，相较于轮盘旋转所带来的结果，（平均上来讲）实现值带给我们的失望要更少些。这是REH支持者所认同的，他们称"期望平均值是正确的"（Muth, 1961）。因此从严格的逻辑观点来看，凯恩斯的货币分析与REH体系是不同的，就像非欧几里得几何不同意欧几里得几何一样。这两种体系是建立在不同的现实经济过程主张之上的。因此在研究现实中大的经济问题时，经济学家必须选择哪种体系更为适合。REH提出的模型中，存在一个前提假设，即货币的作用是中性的（Lucas, 1981），因此，在货币起作用的经济体中，REH就会对货币、生产政策的制定造成误导。

总之，为了使REH对现实世界经济提供有效的分析，就必须对下列问题作出积极明确的回应：

（A）客观概率是否存在？如果时间序列数据是从某已集合中的一个实现中获得的，那么客观概率就能够存在于每个时间点上。如果不存在这一实现集合，即，概念上不存在宏观世界的集合，那么客观概率就不存在。

（B）根据过去事件的时间平均值所估算出来的主观概率是否会收敛于当前存在的客观概率？如果到目前为止的数据由遍历过程所产生，那么答案是肯定的。如果现实世界是非遍历的，那么答案是否定的。

（C）当前的客观概率能否很好地对未来实际结果的平均值进行预测？如果这种基础的遍历过程能延续到未来，那么答案是肯定的。如果未来条件是非遍历的，那么答案是否定的。

（D）最后，经济主体是否相信过去和未来的结果都是由同一遍历过程造成的？

列出这些问题及其暗指的限制条件，是为了说明REH的适用性在逻辑上受到了限制。对上述问题作出积极响应，相当于作出这样的假设：长期稳定的经济分析适用于真实世界中的日常经济问题。

2. 关键决策——非遍历世界的充分条件

根据凯恩斯的"不确定"方法，沙克尔发展出了关键性原则，以此将遍历过程和涉及历史时间、非遍历世界的情形区分开来。当经济主体进行关键决策时，他们必须去除可能存在于决策时间点上的所有随机过程。"实验的每个步骤都可能永远去除决策制定的条件，如果当事人不能把这种可能性排除在外的话"（Shackle, 1955），那么该当事人就会卷入关键决策的制定之中。在其他经济世界中，根据定义可知，在关键决策所涉及的情形中，正是决策的施行破坏了现有的分布函数。由于所产生的决策结果必须发生在紧随着决策实施之后的时间点上（即，时间是一种阻止事件立即发生的手段），因此未来由关键决策所创造，贝叶斯—拉普拉斯定理无法揭示这一点。如果那些涉及资产积累、流动性占有、大量成本生产项目的启动，以及投资酝酿阶段的决策都十分关键时，那么未来"等待其内容的源头，而非等待内容被发现"（Shackle，1980）。

如果企业家对现实世界有着重要作用的话，那就是他们会制定关键性决策。企业家精神仅仅是人类创造力的一个方面，这种精神必须包括关键性。通过贝叶斯定理把企业家精神限制到自动决策过程（就像 REH 那样），就是提供一种现代实际世界经济的描述性方法，这种方法忽视了熊彼特式企业家的作用——技术革命和变革的创立者。REH 是一种具有误导性的企业决策模型，这种模型无法制定出关键性决策。

对于 REH 模型，人类思维只是通过固定的多变量分布函数信息来做出条件预期的一个平均值（L-S，1981），而对于沙克尔（Shackle，1980），是一种"无因之因"。如果 REH 方法适用于现实世界的宏观经济问题，那么，分布函数就与日历时间相独立，并且贝叶斯—拉普拉斯方法将适用于人类文明时期的所有经济结果。整个历史，无论过去还是将来，都是普遍地被创造，经济过程运动在地球形成之日就已经确定，"未来要发生的事即隐含在当下"（Shackle，1980）。

希克斯在对经济学中因果关系的详细论述中，驳斥了遍历过程在经济事务中起主导作用的观点。他认为："……，经济学是即时的，这种即时方式与自然科学不同。所有经济数据都与时间有关，因此归纳性证据也只能用来建立一种关系，而这种关系只能在与经济数据有关的特定时期内进行维持"（Hicks，1979）。在物理学中，做实验或者重复实验的日期与实验的重要性毫无关联，与此不同，经济学是一个在历史时间范畴的过程，其中随机函数并不处于统计（或实验）可控状态（Davidson，1978）。

3. 现实经济世界是否是非遍历的

对于经济政策的发展，我们是否应该认为重要的经济时间序列是由遍历或非遍历世界产生的？尽管众所周知，和凯恩斯—沙克尔—希克斯对宏观经济遍历过程缺失的观点一样，大多数大型计量经济学模型的预测性能较差，但是许多经济学家却坚持认为经济现象中存在遍历性（ergodicity）。承认非遍历世界必然和关键性决策联系在一起，也就是承认经济学不能像自然科学那样，存在一些永恒不变的规律。

一些 REH 理论家隐约地察觉到了关键性决策及其产生处于遍历世界中。尽管如此，由于他们太过于重视物理学的科学地位，使得他们很草率地就忽略了这一问题。L-S 指出，他们渴望从观察的经济时间序列中对人类行为进行条件推断："我们观察一个或几个经济主体在时间范畴里的行为；我们希望通过这些观察来推断，如果通过某种方式改变了当事人的环境，这种行为会有何变化。（如果一个人与另外的人结婚了，他的人生会有何不同？）然而，在某些情况下，认同非实验的实证经济学的可能性，就相当于认同可以做出这种推断"。

L-S 并未提出标准来判断何谓"某些情况"。从严格的逻辑观点来看，对于所有那些结果将发生在未来,并且不可能随着历史时间对条件进行完全复制的重大经济决策,都是至关重要的。一旦实施了某种经济行为,如果不投入大量的(资金)成本,就不可能消除,这意味着与这种经济行为属性相关的最初条件不可能被复制。因此,决定实施这种经济行为很可能以某种不可预测的方式来改变现有的概率结构。从个人主观分布函数的观点来看,关键性就好比成了情人眼里的西施。如果经济主体他们的投资、生产以及高价消费决策和他们的选择相配,那么这种行为无须遵从 REH 理论。如果当事人认为正面临关键性决策(好比婚姻?),或者当事人认为其他当事人现在或在不久的将来会制定关键性决策,那么对于决策者来说,明智的做法是摒弃任何通过 REH 统计平均过程获得的理性预期。相反,当事人可以理智地做出不同的预期,或者干脆承认缺少可靠的知识来做出预期,因此此时就可以选择延迟做出决策。在非遍历世界中,聪明的决策者会依赖对未来做出的预期,而这些不需要 REH 意义上的"理性"。

如果 L-S 的观点是正确的,并且只能在"某些情形下",才能对基于某个实现的统计进行推断,那么遍历过程不可能普遍存在于经济事务中。同时,肯定存在其他一些适合非遍历(non-ergodicity)过程的情形,这种情况下,REH 将严重地产生误导。

对于非遍历世界的存在,在沙克尔关键性原则中,至少定义了一个充分条件,与此不同,L-S 既未定义出何时"某些情形"将其主导作用的充分条件,也未定义其必要条件。从理性预期模型的使用情况,可以明显地看出,理性预期的支持者坚信遍历过程适用于资产积累和货币理论等问题。许多以遍历过程分析为基础的经济学内容并没有任何的逻辑或科学依据。正如前文引自 L-S 的观点一般,这仅仅是一个信仰问题,或者,又如著名的棒球运动员麦格劳(Tug McGraw)那般恳求新闻媒体:"你们要相信我啊"。因此,就像弗格森不得不承认新古典函数分布理论并不是建立在科学的基础之上,而是一种"信仰声明"(Ferguson,1969),因此许多 REH 支持者都坦白承认,现代新古典理性预期理论对于宏观经济理论的适用性仅仅是一种信仰声明。

诚然,在研究那些涉及结果差异较小的(即几乎没有成本的)非关键决策时,REH 似乎是一种很有用的分析工具,因而决策很容易进行复制。是买成熟的苹果还是买味道好的苹果,这种决策很可能与 REH 方法接近。但是,REH 方法是否能够在昂贵的和意义深远的承诺(例如,在宏观水平上的耐用品购买行为,而再次出售这些耐用品时则需要大量成本,或者,在宏观水平上确定公共政策)之间做出决策,这点就值得商榷了。

经济学家应该更加注意宣扬他们能够传递什么,而非宣扬他们的学科领域。存在观点认为,在"某些情形下",市场中的经济事件由遍历过程产生,熟悉市场的个体能够很好地做出没有连续失误的预测。仅仅基于这种观点的政策规则,在政府部门面临由非遍历情形产生的结果时,将是灾难性的政策建议。

三、结　　论

由于经济现象中可能存在大量非遍历过程，使得经济学家的研究结果具有严重的局限性，与自然科学的学者形成了鲜明的对比。然而，这并不意味着当决策者面临重大的现实世界关键问题时，经济学家不能提供指导意见（凯恩斯对此已经进行了明确阐述）。

如果经济学家意识到非遍历性是许多经济事件的普遍属性的话，那么很明显，政策必须适应环境随着时间的变化，政府也能够在改善市场经济活动中起到作用。如果可能的话，这种政府的作用应该是发展适用性经济制度，通过控制经济环境来减少不确定性，对于那些能够保证充分就业和合理价格稳定的经济事件，应限制其未来时间结果。经济学家应致力于为政策制定者发展各种制度策略，限制经济事件的无限发展，否则在经济过程随着历史时间的运动中，这些事件将发生。

或许，本文的寓意可以很好地通过希克斯最近的两句话来进行总结，第一，经济学中的"统计"或者"随机"方法的有效性现在还不能按照惯例使用，我们不能机械地运用这些方法，在运用之前，我们应该试问这些方法是否适用于当前的问题。很多时候，这些方法都不适用（Hicks, 1979）；第二，历史经验告诉我们，我们必须假设：在模型中人们不知道将发生什么，而且知道他们不知道将要发生什么，就像在历史学上一样（Hicks, 1977）。

关于全面构建"大国资"体制的理论分析

梁 军[*]

(广东省社会科学院 广东 广州 510610)

内容摘要：依据对党中央、国务院有关文献精神的理解，根据对现有国资监管法律、法规的认识，结合对我国国企改革与发展基本目标的分析，参照国务院及国资委领导的有关讲话精神，以及学术界的理论探讨和各地的实践总结，本文对"大国资"体制的内涵、核心和外延做出定义，并着重阐述"大国资"体制的理论依据，以及在社会主义市场经济体制下，正确处理其与发挥市场配置资源的基础性作用的关系问题。

关键词：大国资；国有经济；社会主义市场经济

"大国资"一词，是近几年来在国资监管系统及理论界经常使用的一个新提法。从各种表述中，我们大致可以勾勒出以"大"为诉求的三层含义：一是要对经营性国有资产实施集中统一监管，即监管范围的"大"；二是上下级国资委之间要加强沟通和联动，即监管系统的"大"；三是要集中资源做大、做强、做优一批国有企业，即国企体量的"大"。当前，全国各地国资委积极响应国务院国资委的号召，在理论和实践上探索构建"大国资"体制，取得了一些突破和经验，形成了良好的工作局面。但由于尚未在理论层面上形成严谨的体系和准确的表述，因而在实际工作中，存在着概念不清晰、方向不明确、动作不统一、效果不明显的现象。依据对党中央、国务院有关文献精神的理解，根据对现有国资监管法律、法规的认识，结合对我国国企改革与发展基本目标的分析，参照国务院及国资委领导的有关讲话精神，以及学术界的理论探讨和各地的实践总结，本文对"大国资"体制的内涵、核心和外延做出定义，并着重阐述"大国资"体制的理论依据，以及在社会主义市场经济体制下，正确处理其与发挥市场配置资源的基础性作用的关系问题。

一、"大国资"体制的内涵、核心及外延

1. 大国资体制的内涵

"大国资"体制是社会主义市场经济体制的重要组成部分，是推动国有经济布

---

[*] 梁军（1965～　），男，广东广州人，广东社会科学院研究员，主要从事国有企业改革研究。

局和结构战略性调整、实现国有资产保值增值与科学发展的内在要求,是中国特色国有资产监督管理体制发展中级阶段的表现形式,是由科学的理论及一系列法律、法规、政策、制度等元素有机构成的科学体系。

2. "大国资"体制的核心

"大国资"体制的核心是一个立体的国资监管大体系和国资发展大格局。在横向方面,它要求各层级人民政府授权唯一的国资监管机构,实行对包括金融、文化等所有领域经营性国有资产的集中统一监管,形成局部的全覆盖监管体系。在纵向方面,它要求上级国资监管机构加强对下级国资监管机构行使指导和监督职责,立足于指导、沟通、交流和服务,构建体制完善、制度规范、理念统一、合力增强、手段科学、资源优化的监管格局。在局部方面,它要求国资系统通过横向与纵向的优化整合,做大、做强、做优国有企业,形成更加合理的结构布局,提升国家创新能力和国际竞争实力,带动国内其他资本共同发展。

3. "大国资"体制的外延

一是坚持国资委直属特设机构性质,加强各级国有资产监管机构建设;二是通过对经营性国有资产的集中统一监管,发挥统一监管的体制优势,集中资源打造优势企业;三是促进国有资产监管工作的深化,提高监管工作的前瞻性、针对性和有效性;四是健全国有资产基础管理工作体系,加快基础管理制度建设,完善基础管理工作机制,利用好基础管理数据成果;五是树立"大国资、一盘棋、一家人"理念,凝聚国有资产监管系统的共同价值观;六是培育合心、合力、合作的工作文化,健全联合、融合、整合的工作系统,完善指导监督有效、相互支持有力、沟通协调畅顺、共同发展有序的工作机制。

二、"大国资"体制的理论依据

1. "大国资"体制是社会主义市场经济体制的重要组成部分

社会主义市场经济体制是马克思主义基本原理同社会主义初级阶段具体实际相结合的产物,是中国特色社会主义理论体系的重要组成部分。社会主义市场经济体制具有极其丰富的内涵,其核心主要有两条:一是坚持以公有制为基础,走共同富裕的发展道路;二是充分发挥市场配置资源的基础性作用,最大限度地解放和发展社会生产力。

围绕上述核心,党的十一届三中全会以来,国企改革的目标任务,就是将原来在计划经济体制下附属于政府各部门的、政企不分、欠缺活力的国营企业,逐步改造成为适应市场经济环境的、产权清晰、权责明确、政企分开、管理科学的法人实体和市场主体。在这个改造的过程及最终目标上，有两个关键点必须准确把握。一是实现政企分开，是政府的社会公共管理职能与国有资产出资人职能的分开，而不是国有资产与国家及全民所有权的分开；二是在去行政化、与市场经济结合的过程中，国有资产拥有更健全的决策、执行、监督体系，而不是另一种形式的"所有者缺位"。

党的十六大确立的国有资产监督管理体制，为实现上述目标任务奠定了基础。自2003年国务院及各省市国资委成立以来的实践证明，由政府授权的直属特设机构，对经营性国有资产实行集中统一监管，方向是正确的，成绩是显著的。"大国资"体制是在现有的实践基础上，为完全、彻底地实现上述目标任务而发展的理论成果。

一方面，构建"大国资"体制，要求各级人民政府授权的国资委为本级政府唯一法定的直属特设机构，实行对包括金融、文化等所有领域经营性国有资产的集中统一监管。这就使得长期以来尚未与政府组成部门脱离隶属或监管关系的国有资产，有了一个清晰的改革指向。只要是属于经营性的国有资产，不管其经营属性有多特殊，都必须与政府组成部门脱离隶属或监管关系，交由国资委进行专业化、制度化、规范化和市场化的集中统一监管，真正实现无任何保留的政企分开。唯有如此，社会主义市场经济体制才能在政企分开这个形式上完成初级阶段目标，才能在功能上实现国有资产市场配置资源的基础性作用。另一方面，构建"大国资"体制，通过由政府授权的直属特设机构即国资委，而不是政府组成部门本身，对国有资产实施专业化、制度化、规范化和市场化的集中统一监管，使之真正成为市场经济环境下的法人实体和市场主体。唯有如此，才能真正达到产权清晰、权责明确、政企分开、管理科学的一般要求，实现国有资产的保值增值，才能使国有资产的实际所有者——全体人民的权益得以直观而有效的体现和保障。

"大国资"体制确保上述两方面目标任务的实现，同时也就满足了社会主义市场经济体制的两个核心要求。因此，"大国资"体制是社会主义市场经济体制的重要组成部分。实施"大国资"体制，是建设和完善社会主义市场经济体制在国企改革与发展问题上的一次攻坚战。我们必须将"大国资"体制提升到这样的高度来予以认识和重视。

另外，必须明确国资委对经营性国有资产的"管人管事管资产"监管，与政府组成部门的行业监管、政策引导、风险监控有着本质上的不同。国资委的"管事"，是代表本级人民政府对国家出资企业行使参与重大决策的出资人权利。具体如企业合并、分立、改制、上市，增加或者减少注册资本，发行债券，进行重大投资，为他人提供大额担保，转让重大财产，进行大额捐赠，分配利润，以及解散、申请破产等。它既不是干预或替代专业化的企业管理者的自主经营活动，也不是替代政府组成部门做行业的政策指导和监管，所以不能以行业的专业性为由，使某些行业如金融类国有资产脱离国资委的集中统一监管。国资委的"管人"，是代表本级人民政府对国家出资企业行使选择管理者的出资人权利。它既要管企业管理者的专业知识和工作能力，也要管其为人品行，更要管其政治立场和思想作风。国资委本身也接受本级党委的领导，受党的组织纪律约束，与"党管干部"的基本原则并不相悖，所以不能以行业的特殊性为由，使某些行业如文化类国有资产脱离国资委的集中统一监管。

有一类观点认为，可以参照现行国资监管体制的标准，增设若干个行业性国资委，对诸如金融、文化、教育、卫生等领域的经营性国有资产实行分门别类的监管。这在理论和实践上都是不现实的。其一，集中统一监管一定比分类监管好，更便于资源的优化配置、做大做强。事实上，现在不同类别的经营性国有资产已经存在相互渗透、交叉持股的现象，现实中很难将其清晰地拆分；其二，没有任何证据可以证明现行各级国资委可能对某些特定行业的国有资产管不好；其三，实行分类监管的最大可能，就是行业经营性国有资产与主管该行业的政府组成部门自觉靠拢，导致新型的"九龙治水"，事实上回归政企不分、政资不分、政事不分；其四，额外增设行业性国资监管机构浪费行政资源，与党和国家关于精简机构的总体要求相悖。尤其是对省市一级国有资产总量来说更加没有必要；其五，国资委作为国有资产的一级"代理人"，本身也要接受人大、政府及全民的监督，而分设若干个行业性国资委，必然会分散监督的资源和注意力，导致监督成本上升、监督效力下降，这本身也不利于国资委自身的建设和发展。

2. "大国资"体制是推动国有经济布局和结构战略性调整、实现国有资产保值增值与科学发展的内在要求

党的十五届四中全会作出的《中共中央关于国有企业改革和发展若干重大问题的决定》指出，"到2010年，国有企业改革和发展的目标是：适应经济体制与经济增长方式两个根本性转变和扩大对外开放的要求，基本完成战略性调整和改组，形成比较合理的国有经济布局和结构，建立比较完善的现代企业制度，经济效益明显提高，科技开发能力、市场竞争能力和抗御风险能力明显增强，使国有经济在国民经济中更好地发挥主导作用。"

十三年来，尤其是2003年各级国资委成立以来，国企改革按照党中央的战略部署稳步推进，取得了举世瞩目的成绩，尤其是国务院国资委监管的中央企业和省级国资委监管的省属企业，改革和发展的势头良好，多数大型企业已建立起比较完善的现代企业制度，经济效益明显提高，科技开发能力、市场竞争能力和抗御风险能力明显增强，在国民经济中发挥了主导作用。

但是，我们更应该清醒地看到，从全国整体上说，改革和发展仍有不尽如人意的地方。国有经济结构和战略性布局调整仍未完全到位，产业国有资本和金融国有资本未能实现有效融合，条块分割、各自为政、恶性竞争、重复建设的现象仍时有发生，仍未能从根本上支撑起国有资产保值增值和科学发展的重任。

当前，国际和国内经济形势的发展变化，对国有企业改革和发展提出了新的要求。

首先，要实现大国崛起，必须要有一批具有全球竞争力的超大型国有企业。以经济全球化为特征的国际竞争日趋激烈，国家之间的竞争越来越体现在综合性跨国公司和大财团之间的角力。这就需要我们的国有企业要在原有基础上不断地做大、做强、做优。不仅国资委监管的国有企业要做大、做强、做优，尚未纳入集中统一监管的国有企业也要做大、做强、做优；不仅中央企业需要做大、做强、做优，地方国有企业更需要做大、做强、做优；不仅单个国有企业要做大、做强、做优，整个产业链中的国有企业更要联合做大、做强、做优。要做大、做强、做优国有企业，除了企业自身的发展和积累、借助于资本市场进行资本运营以外，还可通过企业相互之间有计划、有步骤、有协调的重组与整合，迅速做大、做强、做优。

其次，应对"中等收入陷阱"的挑战，必须要有一批引领产业走向高端的龙头企业。我国作为整体上处于国际产业价值链中低端的发展中国家，要破解"中等收入陷阱"魔咒，就必须向产业价值链的高端跨越，必须突破发达资本主义国家从资金、技术、市场、标准、规则等多方面的压制和围堵，就必须进行产融结合、产研结合、产销结合的商业模式创新和价值链整合，由技术突破带动产品突破、市场突破。具有统一出资人天然优势的国有企业，无疑应该也必须承担起这样的重任。

最后，国有企业除了要在关系国民经济命脉和国家安全的领域发挥作用以外，还必须在民生工程方面担当起重任。这项任务对于地方国有企业而言更为重要。我国现在正处于建设小康社会的高速城市化进程中。在各地的城市建设中，大量的基础设施建设、公共服务领域建设都需要大量的资金投入。这些工程一般来说投资大、周期长、回收慢，有一些甚至会长期亏损，民营资本一般都不愿意进入。这就需要地方政府发挥国资委的统筹协调作用，通过国有资产的集中统一监管，优化配置资源，搭建运营平台，支撑大项目投入。

上述几方面因素的内在要求，都要求国有资产应在现有基础上实现更进一步的协调与整合。"大国资"体制正是顺应了这样的现实要求。建立集中统一监管和上下联动的"大国资"体制，最有利于发挥社会主义制度的优越性，形成统一的出资人意志，集中力量办大事，做大、做强、做优国有企业，参与激烈的国际竞争，保障民生工程，实现科学发展。

3. "大国资"体制是中国特色国有资产监督管理体制发展中级阶段的表现形式

党的十六大以来所构建的国资监管体制，是社会主义市场经济理论体系在国企改革实践上的体现，是中国共产党对人类社会历史发展理论的一大贡献。它通过政府授权的特设机构，对经营性国有资产实行统一监管，将政府的公共管理职能与出资人职能分开，又统一于由人民授权、为人民服务、受人民监督的人民政府之中，有效地解决了公有制与市场经济的结合问题，同时又有效地解决了公平与效率的兼容问题。

构建中国特色国资监管体制，是一项艰巨复杂的任务，必须积累经验，创造条件,逐步推进。在历届党代会和政府工作报告中,我们可以清晰地看到其理论逐渐完善的发展过程。从2003年3月成立国务院国资委,同年5月国务院公布《企业国有资产监督管理暂行条例》,到2008年10月第十一届全国人大常委会通过《企业国有资产法》,以及其间各项规章制度的订立和国企改革举措,也清晰地展现了其在实践领域推进的发展过程。以上两个"发展过程"生动地体现了理论与实践相呼应、互检验、共成长的事物发展一般规律。

由于中国特色国资监管体制是一项开拓性的实践,在全世界范围内没有现成的经验可循,又是伴随着政府职能转变和经济体制转变的"双转变"复杂条件下而成长的,所以其本身也处于一种发展与变化交织的状态。它在一定的历史条件下起步,随着实践的进步而不断提升其理论的成熟度,并在一定的环境条件下,实现理论与实践的再跨越。在各级国资委成立和运作的近十年时间里,通过不断的实践探索和理论总结,完成了大量开创性和基础性的工作,基本建立健全了国资监管的体制和机制,形成了一整套行之有效的监管规章制度和现代企业制度,国资监管能力和水平不断加强,国企改革取得显著成绩,国有经济的活力、控制力、影响力进一步增强,在国民经济中的主导作用进一步发挥,为经济社会发展做出了重大贡献。然而,对照建设社会主义市场经济体制的目标要求,结合对现实中仍存在的问题来看,这些年的实践只能算是一个初级阶段。

当前,我们正处于即将开启的中国特色国资监管体制发展的"中级阶段"。这个中级阶段的基本任务是:以"大国资"概念为统领,以构建"大国资"体制为抓手,坚决推进对所有经营性国有资产的集中统一监管。不留死角,不留遗漏,不搞特殊,不搞过渡。彻底实现政府公共管理职能与国有资产出资人职能分开、政府组成部门公权力与国有资产经济利益分开。在此基础上,进一步加强中央、省、市、县国资监管机构的沟通与协调,实现监管体制完善、监管制度规范、监管理念统一、监管合力增强、监管手段科学、监管资源优化的国资监管大格局。

在"大国资"体制运行一段时间以后,我们还要向中国特色国有资产监督管理体制的高级阶段过渡,即实现国资监管体制法制化、民主化,监管队伍专业化、精英化,经营班子市场化、高端化,国资收益共享化、常态化,真正建立起社会主义公有制与市场经济的有机结合,为向全世界展示社会主义制度的优越性提供完美的实践范本。

三、正确处理"大国资"体制与社会主义市场经济体制的关系

在国企改革与发展过程中,尤其是在近些年国企进入良性发展轨道的所谓"国进民退"期间,社会上对国资和国企存在许多误解和偏见,最根本的一条,就是认为国企的存在与市场配置资源基础作用相违背,因此要限制国企的存在和发展

（如"笼子理论"），或者提倡加快国有资产退出"一般竞争性领域"步伐（如"与民争利"论），甚至喊出全面私有化的政治主张。如果"大国资"体制从理论和实践上全面提出，一定会引起这样或那样的担忧与指责。因此，必须在理论上将"大国资"体制与发挥市场配置资源基础作用的内在逻辑关系讲清楚。另一方面，还必须要求国资监管系统的同志们正确处理两者之间的关系。

1. "大国资"体制是发挥市场配置资源基础作用的前提条件

构建"大国资"体制的一个主要任务目标，就是要通过坚持国资委的"直属特设机构"性质，实现对所有经营性国有资产的统一监管，从而实现政企分开、政资分开和政事分开。也只有实现了"三分开"，才能从体制和机制上，实现政府社会公共管理职能与国有资产出资人职能的分离，政府才能成为专注于社会公共管理职能的政策与服务提供者，而不再成为市场经济行为的利益攸关方，才能够使政府的"公权力"与国有资产的"私权利"不产生直接的利益关联。这里所说的国有资产"私权利"是完全符合市场经济体制基本要求的。在市场经济体制下，企业作为市场经济运行的主体，只有体量的大小之分、公众公司与私人公司之分。国有企业是在市场经济体制下自主经营的法人实体，在形式上与其他所有资本属性的企业都是一致的，在政府的"公权力"框架下都属于平等的"私人"，因而其"私权利"都是平等的。新加坡的国有资产控股公司淡马锡，就是以私人控股公司的身份注册并运营的，与其他所有注册企业一样，并不享受任何特权。西方成熟市场经济体制国家也大多如此。"大国资"体制的实施，就是要使国有企业完全脱离政府的怀抱与所谓的"父爱"，实现市场外部环境下所有资本属性企业及资产的一致性和平等性，让市场配置资源基础作用得以自由、全面地发挥。

必须再次强调的是：国资委的"直属特设机构"性质，就是为了体现与政府"公权力"分割的一项重大制度安排。国资委不是政府组成部门，不行使社会公共管理职能，不具有行使国家"公权力"以谋取企业和资产"私权利"的权利和条件。同样，所有政府组成部门也不得行使国家"公权力"以谋取企业和资产"私权利"，因此必须将现行管辖的所有经营性国有资产交由国资委统一行使出资人职能。更准确地说，国资委就是全体国民以"私人"股东身份委托其管理资产的总代理人。只不过因为这个"私人"的群体过于庞大和分散，难以全面充分表达权利诉求，因而委托人民政府出面组织，单独设立一个既有行政效率、"直属"于政府，但又与政府组成部门相分离的"特设机构"，集中行使出资人即股东的权利而已。

全面构建"大国资"体制，切实落实"大国资"体制的内涵要求，不仅不会因国资的"大"而加剧市场的不公平或不公正，反而会促进包括国资在内的各种资本属性市场主体之间的平等关系，促进市场经济法制环境的改善，营造自由竞争、优胜劣汰的市场机制。

当前，西方阵营为了遏止中国的快速崛起，以及其他政治目的，联手质疑中国的市场经济主体地位,其中主要矛头就是针对国有企业的所谓"国家资本主义"特性。在最近一轮中美经济对话中尤为凸显。构建"大国资"体制,就是回击、回应西方阵营围堵中国崛起的一步"好棋"。它既符合市场经济体制的基本要求,又不至于国有企业被西方阵营的市场化标准所"肢解"。

在处理"大国资"与市场经济体制的关系问题上,政府组成部门要主动按照公共服务管理职能的要求,均等地对待所有资本属性市场主体的诉求,在政策、税收、法律面前实现"人人"(即企业的"私人"法律属性)平等;作为"特设机构"的国资委,也要主动按照一般出资人的行为规范,自觉与政府公权力划清界限,使企业真正成为适应市场经济竞争要求的独立市场主体,通过市场经济的优胜劣汰原则发展壮大,并堂堂正正地走出国门,与跨国公司展开竞争。

2. "大国资"体制是发挥市场配置资源基础作用的必然选择

"大国资"体制的"大",有广义和狭义的两层含义:一是实行经营性国有资产统一监管而形成的国有资产整体上的"大",二是促进资源优化组合后,打造优势企业的企业规模局部的"大"。

不论是广义上的"大国资"还是狭义上的"大国资",都是市场经济体制下发挥市场配置资源基础性作用的必然选择。

广义上的"大国资",在监管行为本身方面,它既可有效地缩减政府(即全体纳税人)在监管人力和物力上的重复投入、分散投入,节约公共行政成本,又能够减少因监管基础不统一、不规范、不扎实所导致的监管成本浪费和监管资产流失,还能因监管主体的单一性而更加便于全社会监督,增加透明性、规范性和科学性,从而提升监管效率。就监管效果而言,由于实施统一监管,把所有经营性资产放在一个"篮子"里进行统筹运营,便于监管者从更大的视野和更宏观的立场上进行优化布局,调整结构,配置资源,从容进退。

狭义上的"大国资",为局部做大、做强、做优一批产业(行业)企业"航母"提供了条件和可能。对于微观市场经济环境来说,企业的规模提升将形成强大的资源聚合优势,提升企业的市场竞争力和控制力。当前,我国不论是国企还是民企,都在不同程度上存在着小、散、弱的情况,在改革开放的几十年进程中,西方跨国公司已经凭借其超级体量优势,侵蚀了我国众多的产业(行业)的资源与产品的控制权,对我国的国家安全及中小企业生存与发展不利。在"大国资"体制下,国有资产进一步打破条块分割,实现产业链、价值链的纵向整合,聚合资源,抱团发展,迅速培育产业(行业)企业"航母",实现产业(行业)与区域的一体化经营与发展。"大国资"体制本身就是更高层次上的资源大配置工作抓手,也是市场经济条件下发挥市场配置资源基础性作用的产物。

3. "大国资"体制是发挥市场配置资源基础作用的有效途径

有人担心在"大国资"体制下,广大中小民营资本将更加难以生存与发展,市场配置资源的基础作用会被扭曲，中国的市场经济道路应该削弱国资的能量，乃至令其彻底退出市场。这是对所谓经济自由化与全球化的误读。

纵观世界经济发展历史，深入解析当今世界经济及政治格局，我们可以得出这样的结论：从来就没有完全"自由"的市场经济体制。换言之，市场配置资源的基础作用从来就不是"自由"、"自动"、和"自我"的。以大欺小、以强凌弱的史实不胜枚举。一国的发展史如此，国与国之间更是如此。在第二次世界大战结束所建立的世界政治经济新秩序以前，发达国家的崛起与强盛，都直接与不平等条约、贸易垄断、乃至凭借船坚炮利强行掠夺、经济殖民挂钩。所谓经济自由化和全球化，是新时期条件下发达资本主义经济体对后发地区实行经济掠夺和控制的一种隐秘手段，是垄断资本主义的一种高级表现形式。

从一个国家和地区的局部来说，自由竞争的结果甚至本身，就是在不断地形成和强化寡头的垄断地位。垄断资本以其私人性及其天然的贪婪本性，必然对整个经济体的经济"自由"形成剥夺。所谓的"自由"，无非是中小企业选择接受垄断事实的自由，以及通过表面的民主获得垄断主体有限度让步的自由。这在自由经济大本营的美国，现实也已经很清楚地显示了这样的发展脉络和博弈逻辑。而且，在后发地区的经济发展过程中，除了极少数本地私人资本能够幸运地跻身寡头行列，而更多的产业（行业）的实际控制权却掌握在别人的手上，乃至集中在华尔街少数金融财团的手上；除了极少数中小国家和地区能够幸运地（实际上也是被发达国家所默许或出于地缘政治考量上的特别扶持）跻身高收入国家，而更多国家则被明暗两方面的"规则"所抑制、所牵制、所抛弃，经济长期陷入停滞和低迷状态，然后再被贴上极具欺骗性的所谓"中等收入陷阱"标签。

从国际经济与政治力量分布格局来看，自由竞争的规则，更像是为发达经济体进行国际财富转移而量身定做的护身符。发达经济体除了在实业界的采购、生产、销售环节上已经并仍在强化其垄断地位，控制一个国家或地区的经济命脉，更为隐蔽的是，金融的自由化与全球化，正在成为国际财富大掠夺与大转移的"绞肉机"。"中等收入陷阱"中的拉美国家经济发展轨迹、苏联的全盘私有化浩劫、"九八世界金融风暴"中部分亚洲国家和地区的悲惨际遇，以及仍在不断发酵的2008年世界金融危机，都在向世人诠释着掩盖在自由化与全球化光环下的冷酷现实。

四、结论与政策建议

在中国现阶段条件下发展市场经济，在经济自由化与全球化的大背景下实现经济赶超，必须要有一批能够实现整个国家市场稳定，能够有效防止和抵御经济大起大落风险，能够在原料采购、生产组织、销售网络和自主核心技术方面具有国际话语权的超大型企业存在。同时，还必须防止这样的企业成为纯粹的私人机构，它还必须承担国家安全和社会责任。构建"大国资"体制，正是在这样恶劣的环境、薄弱的条件和特殊的国情下，为打造这样的企业而作出的制度安排。"大国资"非但不会因国企的做大做强做优而损害市场经济机能，反而会为广大中小民营资本的健康发展提供强有力的外部环境保障，从根本上维护国内市场配置资源的基础作用发挥。

当然，在纯粹市场经济体制下，企业作为一种以营利为存在目的的社会组织，以及企业内部人的个人利益需求，使得包括国有企业、公众企业在内的所有企业，天然地具有逐利的动机和意识。这本是企业得以生存和发展的内在动力。在以往的纯粹计划经济体制下，国有企业正是因为缺乏这样的"动力"而缺乏活力。如今的国有企业已经基本具备了适应市场经济竞争环境的市场主体地位和意识，并正在按照预定路径走向"控制国家经济命脉"的战略目标，向"大国资"体制迈进。此时，企业的逐利动机和意识，开始发生侵蚀市场经济"自由"肌体的现象。如果我们不能给予正确的处理，则有可能使国有企业的市场化，走向发挥市场配置资源基础作用的反面。进一步说，市场化的"大国资"如是，日益"公司化"的地方政府亦如是。这正是当下中国社会矛盾演化、利益分化的根源。

党的十八大报告指出，要"支持人大及其常委会充分发挥国家权力机关作用……加强对'一府两院'的监督，加强对政府全口径预算决算的审查和监督。"这当然也包含对由政府直属的国资监管特设机构对国有企业的审查和监督。将"大国资"体制置于其真正的出资人——人民的监督之下，发挥社会主义民主与法制，有序、有据、有力、有度地监管和约束国有企业的过度市场行为，是解决"大国资"体制与发挥市场配置资源基础作用之间矛盾关系的最根本途径。这就要求我们加快理论创新和制度创新，设计出合理有效的全民所有、全民监管、全民共享的体制和机制。另一方面，国资监管系统干部队伍要提高理论认识水平，自觉维护市场配置资源基础作用的发挥，从国资监管、业绩考核、战略布局、薪酬激励、价格制定等多方面，进行制度平衡和政策控制设计。

参 考 文 献

1. 王勇：《完善各类国有资产监管体制》，载《经济日报》2012年11月19日第7版。
2. 李志豹、孔迪：《大国资关键词解读》，载《中国企业报》2012年1月3日第9版。
3. 刘纪鹏：《探索建立新型国有资产管理体制》，载《经济日报》2012年4月13日第14版。
4. 刘纪鹏、刘妍：《组建大国资监管系统的战略构想》，载《上海国资》2011年第2期。
5. 吴杰：《金融国资纳入大国资格局》，载《国企》2011年第10期。
6. 王强：《构建现代国资监管制度的依据及路径》，载《经济社会体制比较》2010年第6期。

7. 廖添土：《国有资产"分级所有"：理论逻辑与路径创新》，载《福建师范大学学报（哲学社会科学版）》2010年第3期。

8. 贺伟跃、于广亮：《企业国有资产法》确立的国有资产监管体系的理论及显示困境》，载《华东经济管理》2010年第12期。

9. 李曙光：《论〈企业国有资产法〉中的"五人"定位》，载《政治与法律》2009年第4期。

Analysis of a "Major State-owned Assets" System Theory Built Comprehensively

Liang Jun

(Guangdong Academy of Social Sciences, Guangzhou Guangdong 510610, China)

Abstract: According to understanding of relevant documents spirit of the Party Central Committee and the State Council, the understanding of the existing supervision laws and regulations, combined with the analysis of the basic goal of the reform and development of state-owned enterprises in China, according to the spirit of the State Council and the relevant speech of the leadership of the SASAC, the academic circles and practice theory discussion and summary of this paper around, "major state-owned assets" the connotation of system core and make the definition, extension, and focuses on the theory of "big state" system, and under the socialist market economy system, correctly handle the relation with the basic role of market allocation of resources.

Key Words: Major State-owned Assets; State-owned Economy; Socialist Market Economy

JEL Classifications: K2 H56

推进我国国有垄断行业改革研究

王 佳*

(河南财经政法大学财政税务学院 河南 郑州，450000)

内容摘要：推进国有垄断行业改革是我国市场化改革的一项重要任务。国有垄断行业是国有经济或国有企业对某一个行业形成的垄断，我国的国有垄断行业可以分为行政垄断行业和自然垄断行业。对于行政垄断行业，改革的重点是在行政性分拆的基础上，放宽市场准入，建立竞争机制，实行投资主体和产权的多元化；对于自然垄断行业，改革的重点是加强管制。具体来说，要从规范市场准入管制、价格管制以及完善政府管制体制入手。

关键词：国有垄断行业；行政垄断行业；自然垄断行业

随着中国经济市场化程度的不断提高，许多领域的国有垄断格局基本被打破，市场竞争程度和产权多元化进程相对加快。党的十八届三中全会指出，要发挥市场在资源配置中的决定性作用。在一般消费品市场上，基本上已经形成了竞争的局面，消费者从中获得了很大的收益，相比较而言，电力、电信、铁路、民航等垄断行业的改革进程则相对缓慢。党的十八届三中全会指出，要发挥市场在资源配置中的决定性作用。大力推进国有垄断行业改革，这已经成为社会共识，但由于国有垄断行业之间的区别，具体的改革举措上又有所区别，绝不能"唯垄断是问"。对于垄断，解决的方法可以归结为两句话：不垄断就竞争；不竞争就管制。反垄断的最好方法就是制造它的竞争者；在具有自然垄断性质且无竞争者时，就由政府出手管制。①

一、国有垄断行业的分类

国有垄断行业表现为国有经济或国有企业对某一个行业的垄断。目前我国国有垄断行业主要包括：

（一）行政垄断行业

行政垄断在我国广泛存在，但行政性垄断很多是区域性、地方性的，大多数没

---

* 王佳（1982~ ），女，河南南阳人，河南财经政法大学财政税务学院讲师，经济学博士，主要从事财政经济学研究。

① 许智博：《"经济租"视角下的石油垄断——访天则经济研究所所长盛洪》，载《中国改革》2007年第5期。

有形成全国性的垄断性行业。因此，行政垄断行业的存在范围要比行政垄断存在的范围小得多。具体又可以划分为两大类：一是专卖专营性的垄断行业，如烟草专营、食盐专卖；二是对具有重要地位的战略资源的垄断，如石油、天然气行业等。

(二) 自然垄断行业

带有自然垄断性的行业主要集中在具有网络性、规模经济、存在大量沉没成本的基础产业和公用事业，如铁路、民航、电力、电信、邮政、供水、供气、供热等行业。

二、行政垄断行业改革

解决行政行业垄断问题，是当前和今后一个相当长时间的主要任务。通常所说的打破垄断，指的就是打破行政垄断。当前，对行政垄断行业问题，具体解决方式和途径一种是分拆，一种是对两个或两个以上的行政性公司的业务进行重组。前者如兵器工业、航天工业、核工业的改革，后者如中国石油天然气行业、中国石油化工行业等的改革。这样改革在短期内引入了竞争机制，一定程度上打破了行业垄断，节约了改革的成本。但是深层次的体制矛盾仍未能根本性解决，这种分拆往往只是改变了垄断的类型，将独占垄断变为寡头垄断，将综合垄断变为专业垄断，将全国垄断变为地域垄断。

随着技术的进步和市场容量的扩大，全球的垄断行业都兴起了改革的浪潮。改革始终是围绕竞争与开放这条主线来展开的。但是由于我国垄断行业的改革背景和初始条件与国外成熟市场经济国家存在着较大的差别，我国垄断行业的改革要分阶段、分步骤来进行，即采取渐进式的改革路径。垄断行业改革思路和模式上需要系统设计和总体推进，改革路径和策略上需要循序渐进。行政垄断行业的改革应该在目前行政性分拆的基础上，进一步放宽市场准入，引入竞争机制，实行投资主体和产权多元化。行政垄断行业改革的核心内容就是建立市场竞争机制，但竞争机制的引入和完善是与社会资本的进入分不开的，这二者相辅相成，互为促进，必须同步进行。如果没有多元化投资主体的进入，尤其是产权明晰的社会资本的进入，即使开放市场、引入竞争，该行业的竞争局面也很难真正形成并长久地进行下去。一方面，如果在一个垄断行业中只有少数几个国有企业经营，其结果要么是竞争发展不起来，要么是竞争后几个企业很快形成新的垄断。因此，为适应垄断行业开放竞争的进度，必须把行政性拆分和产权结构的改革结合起来，鼓励社会资本进入垄断行业。

对于维护国家经济安全以及满足国计民生需要而需要国家实行垄断经营的行政垄断行业，在保持国有经济控制力和影响力的前提下，应积极推进国有资本和非国有资本共同参与的产权制度改革，形成多元的产权主体和产权结构。国有经济的控制力并不代表一定要保持国有独资和不允许非国有资本进入，非国有资本作为增量进入，并不代表削弱国有经济的力量，而是更加有利于保障国民经济命脉产业的经济安全，提高国民经济的竞争力。通过引进非国有资本，使国有资本与非国有资本相互竞争，可以改变垄断行业的资产结构，有助于完善垄断行业的治理模式，改变企业的行为。行政垄断行业通过产权制度改革，建立公平、公正和公开的市场环境，可以促进国有资本和非国有资本共同参与投资、建设和运营，构筑有效竞争的基础。

三、自然垄断行业改革

对于自然垄断行业来讲，由于其具有的规模经济、成本劣加性、网络经济等特征（Baumol，Panzar and Willig，1982），不可能实现完全竞争，再加上我国以公有制为主体的经济制度决定了国家要控制国民经济的重要行业和关键领域。因此，在自然垄断领域是不可能消除国有经济的垄断地位的。自然垄断行业改革要从规范管制以及推进产权制度改革方面着手。

（一）规范管制

我国对自然垄断行业的改革主要是规范管制。作为转轨经济条件下的国家，我国自然垄断产业的管制改革，是一个放松管制与强化管制同步进行的制度变迁的过程。一方面是对以前严格管制的放松，另一方面又是一个新的管制制度与管制政策的建立和实施过程，这是由中国经济转型的特点所决定的。政府对自然垄断行业管制的各种措施应相互协调、配合使用。严格管制市场准入，就应严格管制价格。如果严格限制市场准入而不限制价格，垄断企业就会以垄断价格提供服务；而如果放开市场准入而不放开价格，现有垄断企业就会因进入企业在价格上的竞争优势而陷于困境。

1. 市场准入管制改革

在自然垄断行业中分离非自然垄断环节，在非自然垄断环节引入竞争。自然垄断具有动态演变的性质，一个行业在一定时期虽具有自然垄断的特征，但随着需求和技术的变化，其经济特征也会相应发生变化。自然垄断行业是逐步变化的，即过去被认为是自然垄断特征的行业，由于技术等因素的变化，现在变成了竞争性行业，或者不是在整个行业产业链上都具有自然垄断的特征。基于规模经济和网络经济效益，可以把传统自然垄断产业划分为完全自然垄断产业和准自然垄断产业。自然垄断行业中的自然垄断性业务主要集中在那些固定的网络性操作业务领域，例如电力、城市暖气、煤气和自来水供应行业中的线路、管道等输送网络业务，电信行业中的有线通信网络业务和铁路运输中的铁轨网络业务等；其他领域的业务则可以归为非自然垄断性业务。传统自然垄断的边界已发生改变，传统自然垄断行业中的部分业务领域已不再具有自然垄断性，于是就需要对非自然垄断业务与自然垄断业务进行分离，建立自然垄断性业务和非自然垄断性业务的拆分机制，合理界定非自然垄断业务的部门和范围（如表1）。对于自然垄断行业的非自然垄断业务，可允许各种市场主体积极参与竞争，努力构建一种公开、公平、公正的非自然垄断业务的市场竞争环境。

表1　　　　　　　　自然垄断行业自然垄断业务与竞争性业务的界定

产业	自然垄断性业务	竞争性业务
电信	有线通信网络、本地电话	移动电话、长途电话、各种增值服务等
电力	高压输电、地区性低压输电	电力生产、销售业务、电力市场交易业务等
铁路运输	铁轨网络、信号基础设施	列车的运行、设备维修等
自来水	自来水管道网络	自来水生产、储存、销售业务等
管道燃气	燃气管道网络	燃气生产、储存、销售业务等

资料来源：周小梅：《论基础设施领域民营化改革途径的战略选择》，载《价格月刊》2004年第7期。

此外，剥离垄断行业竞争性业务有利于消除垄断行业交叉补贴的问题，避免垄断者坐收国家补贴和垄断高价的双重利益。但界定自然垄断和竞争性之间的边界只是必要的一步。网络的开放使用和平等接入问题是运营模式中治理结构设计的关键。剥离竞争性业务不能简单化，不能搞"一刀切"。

2. 完善价格管制

自然垄断行业的国有企业不同于竞争性行业，不应以利润为其唯一考核指标，而应全面考察其经济职能与社会职能的完成情况。垄断行业是价格决定者而非价格接受者的特性决定了：如果放任垄断行业不受约束地确定价格，会使企业依赖垄断高价获得垄断利润。针对自然垄断行业处于垄断地位可能引发的垄断高价和高额垄断利润问题，价格管制是世界各国对待自然垄断行业的通常做法。价格管制是垄断行业政府管制的核心内容，关系到利益在企业和消费者之间的分配。价格管制的目的是在企业收益和消费者福利之间寻找一个适度的平衡点，既要保证企业的正常收益，又要保证居民的最低消费需要。

第一，建立科学的自然垄断行业价格形成机制。价格管制模式主要有成本加成模式和最高限价模式两种。虽然成本加成定价方法比较容易操作，但由于我国目前的成本加成定价法随意性非常大，存在严重的缺陷。垄断企业只要加大成本的列支，就可以随意提高价格，并且隐瞒超额利润。这些成本列支当然包括过多的人员与高额的人力成本。价格主管部门一般都是根据企业的上报数，即报多少就批多少，从而导致了相关行业价格管制的失败。要实现有效的价格管制，必须要有严格的成本控制。实行成本控制不仅能够提高垄断企业的管理效率,而且可以防止垄断企业通过扩大成本少缴利润、规避政府的价格管制。最高限价模式具有一定的借鉴意义(王俊豪,2001),在此模式下,可以提高企业的经营效率,因为提高效率节约的成本,可以增加企业盈利。但主要问题是,要先弄清楚国有垄断行业的总资产、各种成本,确定一个合理的利润率,然后才能设计、实施与各国有垄断行业相应的定价办法。

第二,建立科学的价格监督机制。目前自然垄断行业的定价一定程度上取决于政府与企业间讨价还价的能力,难以对虚高定价进行约束。要逐步吸收社会力量参与定价,定价决策由少数人的个体决策逐步向集体决策进行转变。

一是公开决策机制。合理的价格管制决策应充分照顾到垄断经营者和消费者两个方面的利益诉求,可以先由垄断行业的企业根据成本与收益的变化情况,提出价格上涨要求,然后垄断管制机构将企业的价格调整要求向社会各界公开,并组织各方力量对垄断行业的经营状况进行调研,判断其价格调整要求的合理性。接着在接受广泛听证与质询的基础上,综合考虑各方面的意见和建议,允许企业在合理收益率水平之下进行价格的相应调整。同时,政府也应该充分考虑消费者的意见,在垄断行业经营环境好转如原料成本下降、技术创新加快、规模经济与范围经济有大幅度增长的情况下,建议或要求垄断企业向下调整价格,并按照上述同样流程接受听证和质询,提出价格向下调整的区间。

二是强化信息披露。在自然垄断行业与消费者之间,消费者处于明显的信息劣势地位。如果不强化信息披露,垄断经营者就会利用自己的信息优势地位,倾向于向消费者传达虚假的价格信息。因此,必须要求审计、监察、司法等有关部门加强对垄断行业的监督和审计,建立完善的信息披露机制,以充分披露垄断行业的信息。

三是完善价格听证制度。从目前看,使管制公开、透明的最好办法,是举行价格听证会。价格听证制度的存在是为了解决价格管制中的信息不对称问题与兼顾广大消费者利益。价格听证会不仅可以使管制公开、透明,还可集思广益,使管制在充分考虑各方面意见、利益基础上更科学。凡是关系群众切身利益的公用事业价格,均需按规定举行价格听证会,对于一些技术性较强的商品和服务价格,应聘请有关方面的专家进行论证,强化对成本和价格合理性的审核。但是现行的价格听证制度本身存在着不足。首先,听证代表选择机制不健全。《政府制定价格听证办法》对听证会参加人的人数和人员的构成比例有待更加细化的规定,不同领域的人员及其所占比例的差异必然影响听证会的结果。其次,听证笔录的法律效力不明确。《价格法》没有就听证笔录效力做出任何规定,这就可能导致听证会制度流于形式,听证会往往变成了"涨价会"。[①] 要建立规范合法的听证程序,保证听证主持人的中立性、合法性,公开公正地筛选消费者的利益代表,增进价格听证的公开

---

① 盖地、梁淑红、李秀玉:《基于社会责任角度对垄断国企上缴利润的思考》,载《河北经贸大学学报》2008年第6期。

性与透明度，保障价格听证的结论在政府的价格决策中得到体现。

四是加强监督检查。各级价格主管部门应建立收费投诉举报制度，加强监督检查。对垄断行业利用垄断经营地位乱涨价、乱收费的，一经发现，要严肃查处。

3. 建立有效的政府管制体制

自然垄断行业管制改革的一项重要内容就是，建立一套与市场经济相适应，对垄断行业进行规范管理的管理体制。

一是管制机构综合化。有关管制机构设置还存在一些值得进一步思考的问题，比如，在一个自然垄断产业设置一个管制机构，还是几个相关产业设置一个管制机构。自然垄断产业的技术进步导致产业融合的趋势越发明显，原来建立在界限明显的产业基础上的管制框架已经不能完全适应新技术的要求，这就要求在产业融合之后调整管制机构设置办法。[1] 从实际情况看，在美国联邦层次和多数欧盟国家，设立了多个"特殊部门"管制机构，而在澳大利亚和美国的许多州，则设立了一个"全能型"管制机构，来管制所有被管制产业的活动。目前，英国也正在考虑对那些管制内容接近的管制机构实行合并，如将天然气和电力两个管制机构合并成一个能源管制机构。中国自然垄断产业管制机构的设置也应考虑相关管制机构的合并问题。从长远来看，结合我国国情，设立监管机构时可根据"功能线"的要求组建功能强大的综合性监管机构，比如可考虑组建交通监管委员会（包括铁路、民航、公路与水运等行业）、能源监管委员会（包括水电、火电、核电等领域）与通信监管委员会（包括电信与有线电视等行业），对相关领域统一进行监管，同时进一步撤销或改组合并现有行业主管部门。

二是管制机构独立化。管制机构应该独立，尤其要独立于各种既得利益集团，不受其左右，否则难以摆脱部门偏好，难以遏制寻租和机会主义行为。管制机构的独立性应体现在两个方面：一是如何确保它的合法权力不受产业政策主管部门如发改委或商务部的侵蚀，至少获得专业上的独立性；二是如何确立它在面对被监管对象时的权威性，即改变"弱管制者"的境地。要在立法层面界定不同管制者的权力划分问题，尤其要扭转产业政策高于管制法律的境况，限制发改委或商务部以产业调控为由对企业的价格、投资和技术标准选择等微观行为进行直接的干预。

三是管制法制化。管制机构的设立、职能、监管方式、决策过程要有法律授权，明确其职权范围以及受管制机构管辖行业的义务，明确管制的目的、目标、原则、方法等，做到依法监管。加快相关立法，包括《电信法》、《石油天然气法》等。修改和完善已经颁布的行业法，如《电力法》、《铁路法》，完善《反垄断法》，明晰垄断行业范围及对垄断行业进行反垄断管制的独立机构；同时，还要注意立法的公正性，行业立法不能由行业主管部门负责制定，应将行业管制规则的制定与管制行为的具体执行彻底分开。具体行业管制部门可以参与立法，但不能主持

---

[1] 肖兴志：《中国自然垄断产业规制改革模式研究》，载《中国工业经济》2002年第4期。

立法、主导立法，主持立法的责任应交给其他机构，还要防止在法律起草过程中行政干预过多，并严格执法，维护法律的权威。

四是对管制者的监督。建立完善的行政程序和外部监督机制，加大对行政违规和行政违法行为的责任追究与惩罚力度，以从制度上保证管制机构的公正性。建立管制者活动的透明机制，同时建立社会各方面的表达和参与机制，加强对管制者的行为监督，以此形成对管制者的社会约束机制。

（二）自然垄断行业的产权改革

加快自然垄断行业的产权改革。产权改革要根据企业的状况采取不同的对策：对于自然垄断性业务已消失的国有企业，应遵循国际上自然垄断性企业改革的一般演进路径，由国有企业改组成公私混合企业或股份公司；对于自然垄断性弱化的业务，应取消或放松进入管制，可以通过出售部分国有资产、发行股票和债券转换等多种方式进行股份制改造以吸收民间资本和外国资本，实现竞争主体多元化，退出的国有资本可投入到其他重要的领域；即使是在其中具有自然垄断性质的环节也不必搞国有资本独家垄断，如输电网和配电网、电信网络、铁路网络等。一是引入新的竞争者，最早是在电信行业；二是横向拆分，主要在电信、电力行业；三是业务分离，如铁路、民航等部门。从未来的发展趋势看，这些领域的国有独资公司应逐步吸收民间资本进入。

参 考 文 献

1. 王学庆：《管制垄断——垄断性行业的政府管制》，中国水利水电出版社2004年版。
2. 廖进球、陈富良：《管制与竞争前沿问题》，经济管理出版社2004年版。
3. 王俊豪：《政府管制经济学导论》，商务印书馆2001年版。
4. Baumol, W., Panzar, J., and R. Willig, 1982, "Contestable Markets and the Theory of Industry Structure", New York: Harcourt Brace Jovanovich.

On Enhancing the State-Owned Monopoly Industries Reform

Wang Jia

(Fiscal and Tax School, Henan University of Politics, Law, Finance and Economics, Zhengzhou Henan 450000, China)

Abstract: To promote the reform of the state-owned monopoly industries is an important task of China's market-oriented reforms. National monopoly industry is state-owned economy and state-owned enterprises on the formation of a trade monopoly, the monopoly industry can be divided into administrative monopoly and natural monopoly industry. For the administrative monopoly industries, the focus of the reform is based on administrative partition, relax market access, establish a mechanism of competition, diversification of investment subject and property; For the natural monopoly industry, the focus of the reform is to strengthen the control. Specifically, we have to start from the normative market access regulation, price regulation and government control system.

Key Words：State-Owned Monopoly；Administrative Monopoly；Natural Monopoly Industry

JEL Classification：L11　L23

〔国企改革〕

金融监管视角下的国有金融资产管理

张志前* 李政德

(中国建投投资研究院 北京 100031)

内容摘要：金融是现代经济的核心，国有金融企业在我国金融领域占主导地位。本文分析了金融企业与实体企业的不同，阐述了国家对金融业监管的必要性。本文分析了国有金融资产管理和金融业监管之间的关系，以及世界各国对国有金融企业的管理模式。本文以中国金融企业前100强为例，分析了不同管理架构下国有金融企业的运行效率。本文认为，由于国家已经对金融业实行了严格的监管，对国有金融资产实行集中统一管理没有必要，也不利于推动金融企业市场化改革和提升效率。在保持目前国有金融资产管理模式的前提下，找到最有利于提高企业效率的方法，这才是国有金融资产管理改革的关键。

关键词：国有经济；国有金融资产；金融监管

一、金融企业的特点

（一）金融行业的特点

金融业是指经营货币资金融通活动的企业。简单地说，就是从"资金到资金"、"以钱生钱"的企业。在我国，金融企业是指开展业务需要取得金融监管部门授予的金融业务许可证的企业，包括执业需取得银行业务许可证的政策性银行、国有商业银行、股份制商业银行、信托公司、金融资产管理公司、租赁公司和财务公司等；执业需取得证券业务许可证的证券公司、期货公司和基金公司等；执业需取得保险业务许可证的各类保险公司等。

与实体经济企业相比，金融企业具有垄断性、高风险性、高负债经营性等特点。垄断性一方面是指金融企业是政府严格控制的行业，未经审批，任何单位和个

---

* 张志前（1969~ ），男，山西省吕梁市人，中国建银投资有限责任公司投资研究院高级研究员，经济学博士，主要从事宏观经济与企业改革研究。

人都不允许随意开设金融机构；另一方面是指金融企业需要很大的资产规模，使得金融业务具有相对垄断性。高风险性是指金融企业是巨额资金的集散中心，涉及国民经济各部门，其任何经营决策的失误都可能导致"多米诺骨牌效应"。高负债经营性是相对于一般工商企业而言，其自有资金比率较低，财务杠杆率高很多。

我国的金融业是由计划经济阶段发展过来，虽然国有金融企业实行了股份制改造，建立了现代企业制度，一些国有金融企业已经上市，但是，总体来讲我国金融业在市场成熟度和开放性上不及国外的金融业，政府在一些大型国有金融企业上拥有较大的行政权。上市之后，国有金融企业建立了公司治理机构，国有金融企业的垄断地位并未动摇，金融业的运行效率不高。从长远来看，如何推动金融企业市场化经营，更好地防范金融风险，使金融更好地支持实体经济发展，是国有金融资产管理改革的出发点和归宿。

（1）我国金融机构的专业化和创新性有待进一步提高。金融企业股份制改造之后，很多金融机构都增强了服务意识和创新意识，但是在强调混业经营的今天，我国的金融机构的忧患意识和创新意识应该更加强烈，尤其是2008年金融危机后，以专业的服务和创新的精神，去优化我国金融业的运作机制依然十分重要。

（2）我国金融业应回归支持实体经济的本质要求。实体经济在国家经济运行中居于核心支撑地位，是金融业的首要服务和支持对象。金融业本身并不创造价值，实体经济是金融企业经营利润的最主要来源。金融业如果脱离了支持实体经济发展这个根本宗旨，以金融资产炒金融资产，必将造成金融危机。

（3）我国金融的创新机制和监督机制需要加强。无论从银行、证券还是保险行业来说，维护创新机能的正常运转是具有决定性作用的，我国当前金融业还未全部达到市场化的成熟度，往往会出现所谓的"暗箱操作"和"行业潜规则"，这就会造成国有资本的严重流失，除了需要完善立法和改革当前机制漏洞外，真正要做的是引入市场机制和竞争。

（二）金融业监管的必要性

金融企业在国民经济中处于牵一发而动全身的地位，关系到经济发展和社会稳定，具有优化资金配置和调节、反映、监督经济的作用。金融企业的独特地位和固有特点，使得各国对金融企业的监管都非常重视。

（1）金融市场失灵和缺陷。金融市场失灵主要是指金融市场对资源配置的无效率，主要针对金融市场配置资源所导致的垄断或者寡头垄断、规模不经济及外部性等问题。金融监管是政府提供的一种公共服务，金融监管试图以一种有效方式来纠正金融市场失灵，但实际上关于金融监管的讨论，更多地集中在监管的效果而不是必要性方面。

（2）道德风险。道德风险是指由于制度性或其他的变化所引发的金融部门行为变化，及由此产生的有害作用。在市场经济体制下，存款人必然会评价商业性金融机构的安全性。金融监管就是为了降低金融市场的成本，维持正常合理的金融秩序，提升公众对金融的信心。由政府公共部门提供的旨在提高公众金融信心的监管，是对金融市场缺陷的有效和必要补充。

（3）信用创造。金融机构产品或服务创新其实质是一种信用创造，这也使商业性结构面临更大的支付风险。金融系统是"多米诺"骨牌效应最为典型的经济系统之一。任何对金融机构无力兑现的怀疑都会引起连锁反应，骤然出现的挤兑狂潮会在很短时间内使金融机构陷入支付危机，这又会导致公众金融信心的丧失，最终导致整个金融体系的崩溃。

（三）我国金融监管的现状

根据《中国人民银行法》、《商业银行法》、《证券法》和《银行业监督管理法》等相关规定，我国现阶段实行的是"一行三会"（中国人民银行、中国银监会、中国证监会、中国保监会）的分立金融监管格局。我国现行金融监管组织机构除财政部、审计署等政府监管部门以外，主要由国务院派驻各金融机构的监事会、中国银监会、中国证监会和中国保监会负责专门监督，"三会"均为正部级机构，直属国务院领导。其中，银监会负责监管商业银行、政策性银行、信托投资公司、资产管理公司、农村信用社等存款类金融机构；证监会负责监管证券公司；保监会负责监管政策性保险公司和商业性保险公司。中国人民银行作为中国的中央银行主要负责制定并保证货币政策的执行。

目前，我国金融业混业经营趋势明显，金融机构趋于复杂，金融机构的业务边界逐渐模糊。随着国有金融企业的股份制改革，银行、证券、保险之间的联系不断加强，金融业务相互掺杂、相互渗透的局面逐步形成，金融机构相互持股现象逐渐增多，已经出现集团式的、银行控股模式及实业企业控股式的事实上的金融控股公司。与此同时，金融创新已经超越了相应的法规制度和监管范围，影子银行、民间金融等问题游离于监管之外，成为我国金融体系的重大隐患，传统的"一行三会"式监管正在受到严峻挑战。2008年全球金融危机之后，各国都在改革金融监管，构建统一完善的金融监管体系，以防范和化解金融风险。改革中国现有的金融监管架构，建立集中统一的金融监管体系已经十分迫切。

二、 金融资产管理和金融监管的关系

金融是现代经济的核心，是经济发展的助推器，也是一国经济增长的稳定器。鉴于金融对一国经济动向的重要性，我国多数金融企业是国有企业或国有控股企业，国有金融企业在金融领域处于主导地位。国家对这些国有金融企业而言，一方面，是这些金融企业的所有者，要管理这些国有金融资产；另一方面，作为公共事

务管理者，要监管这些金融企业。

我们在这里所说的国有金融资产管理，是指国家作为所有者对这些金融企业的管理。国有金融企业在本质上是属于全体人民所共有，政府作为行使国家职能的重要机构自然成为事实上的国有金融资产代理人，即国家代理在实践上表现为政府代理。作为国有金融企业的所有者，国家享有这些企业的收益权、人事权和财产处置权。

我们在这里所说的金融监管，是指政府依法通过行政权力对金融交易行为主体进行的某种限制或规定。金融体系在某种程度上具有公共物品的特性，纯粹的市场行为会导致稳健金融业的供给不足，这也给政府介入金融监管提供了理论依据。金融监管的对象不仅包括国有金融企业，也包括其他民营金融企业、外资金融企业等。

金融资产管理和金融监管作为对国有金融企业进行管理的两个角度，它们之间互相联系，互相制约。

1. 健全和完善的金融监管体系，有利于加强金融资产管理

金融产品尤其是其中的金融衍生产品虽然能够带来很大的杠杆效益，但确实隐含着巨大的财务风险。我们要借鉴发达国家成功的金融创新，同时要加强金融监管力度，构建各金融机构规范经营、公平竞争、稳健发展的局面。尤其是加强金融机构关键指标的实时监控，以此来提高整个金融市场防范和化解金融风险的快速反应能力，积极防范金融风险，实现国有金融资产的保值增值，为金融资产的管理创造健康的环境。

2. 统一的国有金融资产管理，有利于金融监管政策落实

作为一种市场经济中的特殊主体，国有企业具有某些不同于一般私有经济主体的特征，国有企业没有自己的私利，企业的利益与国家利益是一致的。国有金融企业的领导人由政府任命，企业更容易理解政府监管的意图，更愿意积极主动地配合政府的监管措施，为其他金融企业树立落实金融监管政策的典范。因此，国有企业在落实国家监管政策方面发挥着重要作用。统一的国有金融资产管理，有利于金融的监管。

3. 金融资产管理与金融监管有时也会发生矛盾

金融监管既是金融创新的制约，也是金融创新的诱发因素。由于金融监管增加了金融机构的经营成本，降低了金融机构的赢利能力，导致这些企业不得不"发掘"金融监管的"漏洞"。当金融法规的约束大到回避它们便可以增加经营利润时，金融机构便有了"发掘漏洞"和金融创新的动力。所以，从一定程度上来讲，金融监管对金融创新具有一定的诱发作用。当然，金融创新的产生对金融业的发展有着重大意义，它冲破了传统管制的羁绊，促进了金融市场的一体化和市场竞争，加强了金融资产之间的替代性,促进了企业通过金融市场融资,从而推动了经济的发展,也给金融企业带来了更丰厚的利润。

金融创新促使金融监管不断变革。金融创新的出现在一定程度上对金融监管体系提出了新的挑战。一方面,由于我国传统的货币政策的制定以及执行需要对资产的流量进行一个准确的测量,但测试工具的不准确往往导致货币政策难以发挥作用;另一方面,金融创新在一定程度上也增加了金融监管的难度,加剧了金融活动的不确定性,增大了金融风险。但我们必须看到,正是由于金融创新的出现,金融监管不断寻求更为有效的体制和运行方式,从而推动了金融监管体系的不断变革,也促进了金融业的健康发展。

三、 国外国有金融资产的管理模式

世界上很多国家都有国有金融企业,但多数市场经济国家的金融企业以私有为主。美国的金融企业多数为私有企业,在2008年次贷危机爆发之后,美国对部分出现风险的金融企业实施国有化注资和收购。各国对本国的国有金融资产管理模式也各不相同,多数国家对国有金融资产与其他国有企业一样管理,也有一些国家的国有金融资产由财政部或中央银行直接管理。根据政府是否直接作为国有金融资产的出资人行使所有权的角度,可以区分不同的国有金融资产管理模式,具体来说有以下几种:

(一)"财政部或行业主管部门——金融企业"模式

美国、意大利、法国等国家的国有金融机构一般归财政部直接所有,由财政部或相关政府部门直接代表国有股的股东参与金融机构董事会,决定金融机构的重大事项,但财政部并不直接管理具体的企业经营事务。瑞典的国有金融机构最早也是由财政部管理,之后这一职能被整合在隶属于企业能源和交通部的国有企业局之内。

1. 法国

无论金融国有资产或是非金融国有资产,法国政府以国有资产的所有者身份形使国家股东职能。2003年7月,法国在经济财政部股权处和经济政策司的基础上成立了国家参股局,将原来分散在能源、交通、财政等部门的国有资产管理职能集中起来,不论是金融性资产还是非金融性资产统一由国家参股局代表政府行使国有出资人的权利。虽然经过20世纪90年代的私有化浪潮,但在银行、保险、电信、发电、石化等大型国有企业中,国家参股局仍控制着15%~20%的硬核,以确保国家对重要行业的控制力。

法国国家参股局对国有企业的管理包括：（1）管人：在国家完全或部分控股的企业，法国国家参股局委派出国家代表（向每个企业委派 1~3 人）作为代理人组成代理处，与其他股东一起出席股东大会，行使股东权益。同时设立专门的薪酬委员会，负责确定董事会成员的薪酬水平；（2）管事：在送交董事会批准同意之前，负责对企业治理部门提出的发展方案进行审核并在此后保证该计划的实施；起草制定公共服务合同之时，由有经验和能力的管理人员负责；定期跟踪国有企业战略执行情况，尤其是业绩指标和警戒门槛；（3）管资产：负责国有资产重大战略决策性方案的起草制定，如对国有企业的投资或私有化、国有企业的兼并收购；对国有企业发行债券、投资收益以及股权转让收益的管理；保证国有企业建立公正、透明的会计制度。

2. 瑞典

截至 2012 年 1 月，瑞典共有 58 家国有企业，主要从事基础设施建设、运营和社会公共服务，如交通、电信、银行、航空等。其中 36 家国有企业由瑞典财政部管理，其余 22 家分属环境部、文化部、卫生和社会事务部、教育和研究部、司法部、外交部管理。瑞典国有企业所有权由议会拥有，议会授权政府管理。根据《宪法》，议会决定管理和处置国有资产的基本原则，瑞典政府据此处置国家资产。但政府在实质性变更公司的经营方向、稀释所有权、增资以及购买和出售股份都需获得议会批准。

瑞典对国有企业的管理包括：（1）管人：企业能源与交通部长有权提名国有公司的董事人选，国有企业局组成工作小组负责具体执行。工作小组制定出提名董事的标准，按照标准从人员库中挑选出适合的候选人，提名过程结束后，结果将向社会公开；（2）管事：瑞典政府在《国有企业财务报告指南》中明确规定，国有企业必须按照斯德哥尔摩证券交易所推荐条例，提交年度报告、季度报告和经营报告，并在网上公布。国有企业局还会结合企业类别制定特点的利润指标。（3）管资产：由于瑞典国家较小，国有企业相对较少，国有资产的数量不大，因此实行了集中管理，重大事项由国会决策的方式。重大事项是指投资权、收购股权、收益权、出让权等。遇有上述事项时，先由管理部门建议，逐级上报经首相同意后，提交议会，经过辩论最后投票表决。

（二）"财政部——控股公司—金融企业"模式

新加坡和德国等国则采取了三级的国有资产管理模式，国有资产管理机构是以公司形式存在的。其中新加坡的淡马锡模式最具有代表性。

1. 新加坡

新加坡淡马锡公司是政府管理和市场运作相结合的典型模式。根据新加坡的法律,淡马锡公司不能直接从事金融业务,但是可以参股和控股相关的金融企业。淡马锡旗下拥有新加坡最大的国有商业银行——星展银行28%的股份,除此之外,淡马锡公司还涉及房地产、基础设施、能源等多个领域。淡马锡作为新加坡财政部全资拥有的政府控股公司,一方面,政府在重要的人事权上拥有直接管控的权力,淡马锡公司的董事会成员及总裁任免须经民选总统的批准。另一方面,淡马锡公司具体由财政部的投资司来负责监督它的运营和操作,但不直接参与它的决策过程。淡马锡公司经营完全遵照新加坡的《公司法》以及其他适用于新加坡公司的法律和规定。在这样的法律规章框架内,在董事会的指导下,淡马锡可凭借自己的商业判断力和灵活性来进行运营。

淡马锡对下属子公司的产权管理基本采用市场化的运作方式,主要体现在:(1)管人:对子公司的管理按照《公司法》和一般商业公司的模式派出股东,负责审查与委任下属子公司的董事会成员及董事局主席;(2)管事:督促下属子公司将良好的公司治理实践制度化,以提升管理行为的透明度和责任的落实程度。淡马锡要求下属子公司在开拓新的业务时,必须经过充分的论证和总公司的审核批准,否则将被视为违纪。(3)管资产:对下属子公司的经营活动负有监督管理以保证资产增值的责任。淡马锡有权通过国有资本的扩张、送股和售股以及按股权回报率来调整股权结构,有权审定直属子公司股息分配方案等。

2. 德国

在德国,财政部是德意志联邦共和国所拥有资产的指定管理者,不仅对国有实体企业进行管理,还对国有金融企业进行管理。财政部门作为综合管理部门,负责国有企业的"管人、管事、管资产"。一般情况下,财政部不参加企业经营管理,而是按投资比例派遣监事机构代表,随时了解企业的运转情况,如政府作为大股东则决定监事会主席人选。同时,财政部制定投资及私有化政策,对项目的成立、解散、合并、购买与出售股份等重大事项进行审批。行业主管部门管理所在领域的企业,在投资、出售股权、增资前,征求财政部门意见,并向财政部门报送项目状况。财政部门出台年度参股投资报告,对整体运营情况进行分析评估。

在金融国企的股权管理上,财政部授权复兴信贷银行集团代表联邦政府持有其所拥有的国有金融企业中的政府股权。复兴信贷银行是由联邦政府和各州政府一起建立的政策性银行。作为一家公共法下的机构,复兴信贷银行并不受中央银行和金融监管委员会管理,也不受《银行法》监管,而是设立了专门的《德国复兴信贷银行促进法》确定其法律地位和作用,直接下属于财政部。复兴信贷银行本身不参与国有金融企业的运营,而是通过"控股模式"管理联邦政府所拥有的金融国有资产。

(三)"中央银行——金融企业"模式

目前世界上只有印度和俄罗斯等极少数国家采取这种模式,中央银行既制定货币政策，又拥有国有金融资产的所有权。这类模式的国家，对金融国有资产和非金融国有资产的管理往往是不同的部门，金融国资往往直接归属中央银行直接管理。

1. 印度

在印度，政府非常重视国有企业管理，政府对企业（金融和非金融）的介入都比较深。其中，国有银行约占印度整个银行业份额的四分之三。印度政府持有国有银行的大部分股份。其中，印度储备银行是印度中央银行，它拥有印度国家银行（印度最大的银行）59.41%的股份，同时在其他国有金融机构中拥有少数股份。

印度财政部银行司通过产业金融处负责所有金融机构的人事权，包括金融机构总经理人选的任命。同时，中央银行可向旗下银行的董事会派驻代表履行部分所有者职能。印度的国有实体企业则都分布在较为重要的行业，都是国家的命脉企业，对于这些企业，则分属于国家、各州和地方政府管辖。

2. 俄罗斯

在俄罗斯，国有金融机构占俄罗斯金融资产总量的1/3。俄罗斯中央银行在两家银行（俄罗斯储蓄银行和俄罗斯对外贸易银行）中拥有股权。此外，俄罗斯在海外成立的一些银行的权益也由俄罗斯中央银行持有。

俄罗斯在苏联解体以后，把很多国企的股票分给公民，但是由于民众贫困，急于将股票换成现金，导致大财团掌控了很多国有企业。因此，俄罗斯的国有实体经济股权目前由政府和一些财团寡头控制。金融危机之后，俄罗斯政府继续推进私有化进程，将部分大金融机构的部分股权私有化，但国家继续握有控股权。

四、我国国有金融资产管理现状

（一）我国国有金融资产管理分析

我国的金融业由计划经济时期的国有专业金融机构转制而来，国有金融企业在金融领域占绝对主导地位。改革开放以来，我国金融资产总量增长十分迅速，1978年我国金融资产总量只有3418亿元，到2000年已增加到17万多亿元。截至2012年年底，我国金融机构总资产达到142.67万亿元，其中，银行业金融机构资产总额133.6万亿元，证券行业总资产为1.72万亿元，保险业资产总额为7.35万亿元。

我国金融类国资还可以分为中央所属的金融企业和地方政府所属的金融企业两类。从中央所属的国有金融企业国资管理上看，一部分由财政部直接持有并管理，另一部分由中央汇金公司持有并管理。从地方所属国有金融企业看，各地管理体制有所不同，有的归属于国资管理系统，有的是在财政序列，有些国有金融企业甚至隶属于某一国有实体企业,但在最终隶属关系上都属于地方国资委或财政部门。

为厘清中国目前现有国有金融资产的管理状况,我们选取中国金融企业500强排名表,从中截取前100家金融企业进行分析,这100家金融企业的总资产占榜单所有500家企业总资产的95%。截至2012年年底,我国金融业总资产达到142万亿元,那么前100家金融企业的总资产占全国金融业总资产的75%,因此对该100家金融企业的分析可以代表中国金融业整体的情况。在这100家金融企业中,国有及国有控股的企业占86家,其资产总和为114.8万亿元,占金融企业500强总资产的88%以上。

我们对这86家国有金融企业进行一个简单的分析,见表1。

表1　　　　　对金融企业100强内国有金融企业的比较表　　　　　单位:万亿元

管理机构	均值	数量	标准差	合计
中央汇金	84851.6	8	68160.75	678812.8
财政部	15260.22	14	17638.14	213643.1
国资委	8926.319	10	12993.96	89263.19
地方国有	3086.209	54	4861.265	166655.3
总计	13353.19	86	31840.21	1148374

从企业数量情况上看,中央汇金公司、财政部、国资委控股或间接控股的金融企业都不多,而地方国资委控股或间接控股的金融企业则达到国有金融企业的50%(见图1)以上。但是,从资产总值情况来看,中央汇金公司、财政部二者控股或间接控股的金融企业占国有金融企业的78%,占中国金融企业500强总资产的68%以上,这说明中央汇金公司、财政部在中国金融资产管理中处于绝对主导地位,也说明中国国有金融企业的垄断程度很高(见图2)。

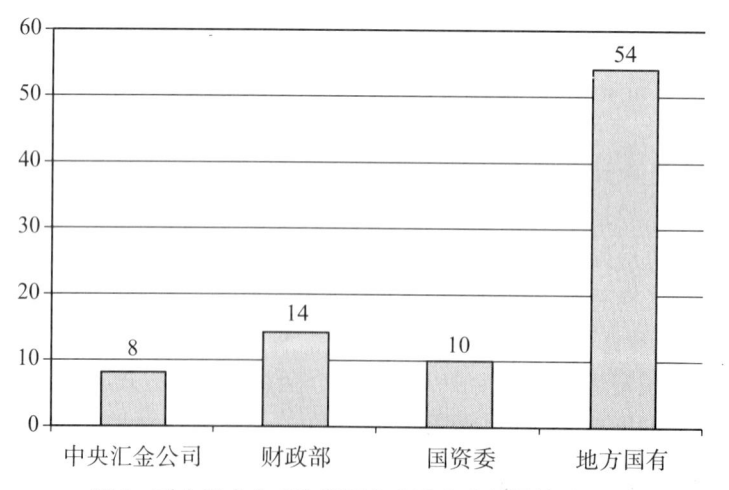

图1　对金融企业100强国有金融企业数量的对比图

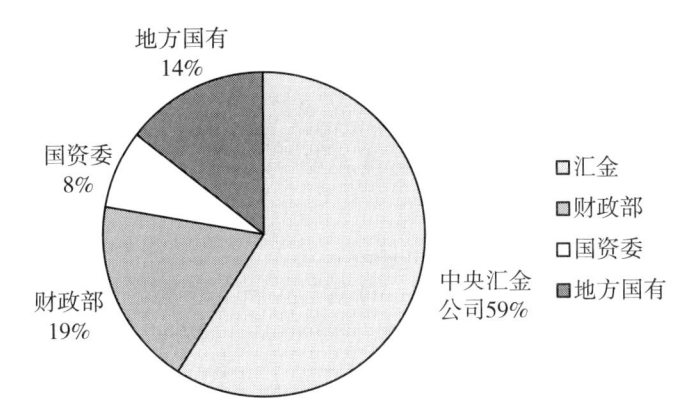

图2 对金融企业100强国有金融企业资产的对比图

为分析这些国有金融企业的运行效率，我们用各企业的净资产收益率（ROE）来进行比较分析。在这84家国有金融企业中（有2家金融企业未找到财务数据），财政部与地方国有金融企业运行效率都较高，而中央汇金公司与国资委管理的企业运行效率稍低（见图3）。究其原因，地方国有金融企业大多数是由地方国资委、专业投资公司或实体企业管理，而且这些地方金融企业可以享受其在该地的垄断地位，有利于提升企业的运营效率。财政部管理的国有金融企业多数也都是股权管理，这些国有金融企业的人事任免权在中组部，这些企业的股东中往往还有其他类型的投资公司或实业公司，多元化的股权结构保证了国有金融股权管理的专业化，而其运营效率较高也是不争的事实。

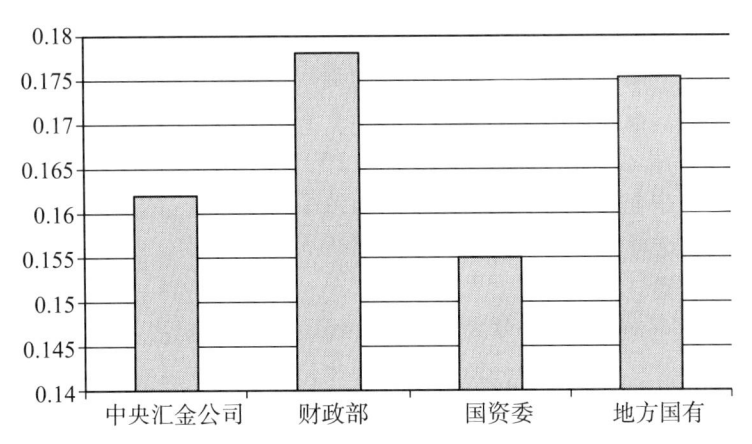

图3 对金融企业100强国有金融企业运行效率的对比图

国资委对金融企业的管理往往通过其下属的一级或二级实业企业，这些企业在对国有金融企业进行股权管理的同时，不可避免地会缺乏金融管理的专业性；中央汇金公司也直接或间接地对一些大型的国有金融企业进行统一管理，包括四大商业银行，但这些金融企业的管理主体往往陷入管理主体单一化的尴尬境地，这些原因都促使汇金公司管理的国有金融资产运行效率不及财政部和地方国有股权管理的金融企业。

（二）我国国有金融资产管理存在的问题

首先，我国金融国有资产的数量庞大，但对其的管理没有统一的法律制度依据，对如何使其保值增值、防止流失，评估与控制金融风险也没有一个有效的体制机制。截至2012年年底，我国金融机构总资产达到142.67万亿元，金融资产总量已从10年前的占世界金融资产总量份额的1%上升至4%至5%，虽然银行类、证券类、保险类等金融企业都在银监会、证监会、保监会的"三会"监管之下，但对如此庞大的金融国有资产如何进行统筹约束仍缺乏一致的法律依据，《国有金融资产管理条例》呼之欲出。

其次，我国金融市场最大的隐患是行政权力与金融资本联姻形成的强势国有垄断，造成了制度性的腐败与低效，这种制度性腐败在地方性国有金融资产中尤为明显。我国的金融监管目标是明确的，但在实践中既没有对监管工作制定考核标准，也没有明确加入如果不能实现目标，应负什么样的责任，职责不清，导致低效。另外从监管部门来分，除了有银监会、证监会和保监会分别监管外，还有许多监管部门。例如，国家发改委负责管理企业债券、国家外汇管理局监督外汇和股票。造成了以分业为基础、令出多门的金融管理模式，在一定程度上不利于我国金融业的混业化经营和金融市场的国际化运作。

再其次，金融企业运行与实体经济脱节，很多资金在金融体系内空转严重。随着经济全球化金融创新，金融业独立成为虚拟经济，人们更多地热衷于金融炒作，金融业出现暴利，而忽视金融对实体经济的支持。近年来，我国金融杠杆严重，影子银行问题突出，很多资金脱离实体经济在金融内空转。2012年，我国A股市场中52家金融类上市公司仅占上市公司总数2%，净利润占到一半以上，同时净资产收益率远高于非金融行业。这样的结果导致很多实体企业想进入金融领域，很多优秀高中毕业生选择学习金融专业，很多名牌大学毕业生、研究生选择金融行业，造成了人才的浪费。

最后，我国国有金融资产管理和监管机构缺乏对系统性风险的监管。我国金融行业实行分业经营、分业监管，但在金融全球化、金融业混业经营和金融控股集团出现的大背景下，现行"一行三会"都是正部级机构，彼此互不隶属，难以整合有限的金融监管资源防范和化解系统性金融风险。此外，这些监管部门还担负着促进各自行业的金融改革与发展的任务。这些任务，与金融监管的核心职能也具有内在的冲突和矛盾，导致各监管部门只关心所监管行业的风险，对系统性金融风险无暇顾及。

五、三种国有金融资产管理模式的利弊分析

2003年3月,国务院组建国有资产监督管理委员会,作为国务院直属正部级特设机构,国务院授权国有资产监督管理委员会代表国家履行出资人职责,但国资委并不管理国有金融资产。2003年年底,中央汇金公司成立并为建设银行和中国银行注资、履行出资人职责。此后,关于金融资产管理的探讨就一直不绝于耳,各方面对此问题的研究也很多。目前,我们归纳各种研究成果,关于国有金融资产管理的思路主要有以下三种:

(一)建立国有金融资产统一管理的机构——金融国资委

这种做法虽然可以实现对国有金融资产的统一管理,提高管理效率,也有利于金融监管。但是负面的外部性也十分显著:一是形成新的金融垄断帝国,不利于市场竞争,对非国有金融企业,尤其是民间资本可能会受到歧视。二是集"管人、管事、管资产"三权于一身,可能为腐败行为提供便利。三是与"一行三会"职能重叠,影响金融机构的效率。

从目前金融业及社会公众对金融国资委所持态度来看,对建立金融国资委支持和反对的声音各占一半,从这个角度上讲,目前建立金融国资委对国有金融资产进行统一管理的时机仍不成熟,至少在设计出能够有效抑制金融国资委可能带来弊端的机制前,金融国资委的设立很难得到大范围的支持度。

(二)将金融与实业资产统一管理——集大权于国资委

金融与实业资产统一管理,有利于金融和实体经济的融合,推动金融回归支持实体经济发展的本质要求,提高金融业的运行效率。但是同样会造成金融国资的管理缺乏专业性以及导致运行低效,还有可能误解金融服务于实体经济的概念,产生视金融为国有经济输血脱困工具的错误观念。应还原金融作为社会资源配置平台的定位,引导社会上庞大、分散和无序的资本流向国民经济各类行业和企业,形成产出、推动实体经济的增长。

此外,考虑到国有金融资产具有高风险性,国有金融资产与国有实业资产最大的区别在于国有金融资产的高风险性。由于国有金融企业的中介地位使其受社会经济的影响比一般工商企业大得多,系统性风险、操作风险、流动性风险、资金可得性风险等都是值得关注的,其中尤以系统性风险为最。国内一些实体企业控股的银行,就出现过股东操控银行违规为关联企业放贷,最终掏空银行的问题。这样的教训应该吸取。

(三) 维持目前国有金融资产管理的现状

目前我国分散的金融资产管理模式，缺点是政出多门，管资产和管人分离，考核评价不到位，管理效率比较低等。但是，从我们上述的分析中不难看出，金融国资股权管理的分散化比集中化更有利于增加金融国资的市场竞争力和运行效率，金融国资股权管理的专业化也可以在一定程度上确保金融国资的保值增值。因此，在目前存在的几种金融国资管理模式中筛选出几种较为高效的模式，充分发挥金融国资管理的专业性和竞争性，并结合各地金融国资实际情况选择适合的模式，规范中央和地方金融国资的运营，不但可以方便金融国资的统一监管，而且有利于回避金融业的系统性风险。

六、结　论

金融企业具有垄断性、高风险性、高负债经营性等特点，金融危机往往由金融企业不适当的经营引发，对金融行业实行严格的监管是由金融行业的特性决定的。从世界范围来看，各国金融监管体制千差万别，但随着金融市场混业经营的发展方向日益明朗化，分业管理、多头管理的模式逐渐难以适应市场要求，全球金融危机之后，建立统一的大金融监管模式得到了越来越多国家的认可，美欧等国都纷纷提出了建立金融业统一集中监管的改革思路。在当前我国各金融业之间相互交叉，金融创新如火如荼，金融集团日益增大的大背景下，进一步加强金融业监管，积极探索研究建立集中统一的金融监管体系是大势所趋，这也将有利于促进国有金融企业的健康发展，实现国有金融资产的保值增值。

与实体国有企业不同，由于政府已经对金融企业有了严格的行业监管，它可以有效地防范和化解国有金融资产经营管理中的诸多问题。从世界各国有金融资产管理的实际看，多数国家对于国有金融资产和非金融资产采取同样的管理模式，只有个别国家由中央银行直接管理。从我国的实际情况看，地方分散管理的国有金融企业运行效率明显高于中央汇金公司统一管理的金融企业。我国目前国有金融资产分散管理模式，有利于打破国有金融企业的垄断，提高金融企业的经营效率，促进金融回归实体经济的本质要求。我国国有金融资产管理改革的重点应该是完善相关的法规和制度，统一国有金融资产管理的政策法规，打破国有金融企业的垄断，提升金融行业的市场化能力和效率。

参 考 文 献

1. 李建军、刘军亮：《国有企业的委托代理关系——国有资产效率化运营制度构建探究》，载《科技创业》2004 年第 11 期。

2. 宋来敏、吴九红：《国企的国家所有权属性及PE参与其定价的作用机制探析》，载《生产力研究》2010年第5期。

3. 隋文平：《审慎处理金融创新与金融监管的关系》，载《光明日报》2013年6月11日第6版。

4. 中国银行国际金融研究所：《建立新型国有资产管理体制——政府管理和市场运作相结合的模式》，载《全球经济金融问题研究》2010年第17期。

5. 文华宜、王永海：《关于加强金融国有资产监督管理的思考》，载《上海金融》2012年第10期。

6. 周任：《基于金融监管寻租视角的国有金融资产管理》，载《新远见》2011年第2期。

7. 各个银行及非银行金融机构2012年年度报告。

Management of State-owned Financial Assets under the Perspective of Financial Supervision

Zhang Zhiqian　Li Zhengde

(Investment Research Institute of China Jianyin Investment, Beijing, 100031, China)

Abstract: Finance is the key sector of modern economy, and state-owned financial enterprises are an important pillar of our national economy. This paper analyzes the difference between financial industry and business entities, besides, it expounds the necessity to regulate the financial industry. We also analyzes the relationship between management of state-owned assets and supervision of the financial industry, and the management mode of state-owned financial enterprises in the world. It also explains efficiency of state-owned financial enterprises under different management modes, taking the Chinese top 100 financial companies as an example. To this article, as the government has imposed strict supervision on the financial industry, there's no need to take centralized and unified management on the state-owned financial assets, which goes against promoting the market-based reform of financial enterprises and promoting efficiency. On the premise of current state-owned financial asset's management model, how to find the best method to improve management efficiency is the key for reforming state-owned financial assets's management.

Key Words: State-Owned Economy; State-Owned Financial Assets; Financial Regulation

JEL Classifications: K2　H56

国有企业改革的目标转换、路径演变及其对策分析

石 涛[*]

(上海行政学院经济学部 上海 200233)

内容摘要：国有企业的国有属性和企业属性的矛盾冲突将在经济发展的不同阶段引发改革目标按照机制平衡、边界清晰、属性突出、监管有效依次进行转换。国有企业改革的目标转换又决定了国有企业改革路径演变的轨迹，即这一改革将沿着政企分离、政社分离、政资分离和政监分离的轨迹逐步深入。为了顺利实现改革目标转换和演化路径，需要不断探索不同类型国有企业的治理机制，并逐步减弱行政化对国有企业发展的影响，在动态发展中调整国有资产监督管理委员会的职能，从而最终实现国有企业与市场经济的融合发展。

关键词：国有企业；市场经济；改革

由于国有企业在国民经济中的重要地位和发挥特殊作用，对国有企业改革的研究一直是理论界所关注的热点问题之一。在三十余年的改革进程中，在国有企业改革研究方面取得了许多重要的理论成果，在实践中，国有企业已经逐渐成为社会主义市场经济的微观主体，积极参与了市场竞争。随着经济社会发展进入到新阶段，国有企业需要进一步深化改革来适应这种变化，这就有必要对国有企业改革的目标和路径演变有一个全局性认识，从而确保国有企业持续的深化改革符合中国特色社会主义市场经济发展的总方向。

一、国有企业改革的进程

改革开放以来，中国经济经历了从计划经济向市场经济转轨的伟大变革，从而使国有企业改革在不同时期展现出不同的阶段性特征。不同学者根据研究目的的不同，将国有企业改革进程划分为不同阶段，其中有两阶段论，如李兆熙（2009）将国有企业划分为前15年和后15年，前者侧重探索放权让利、两权分离；后者的重点是建立现代企业制度；陈清泰（2012）则认为第一阶段是国有企业改革阶段，目前的改革应该转变为对国有资产的资本化管理阶段。三阶段论，即认为国企改革经历了扩大经营自主权阶段、制度创新和结构调整阶段、国有资产管理体制改革三

---

[*] 石涛（1976～ ），男，陕西临潼人，上海行政学院经济学部副教授，经济学博士，主要从事政治经济学研究。

个阶段（邵宁，2011）。同时，郑海航（2008）从利益平衡的角度把国有企业改革划分为利益过度外倾阶段、利益过度内倾阶段以及利益主体实现利益平衡这三个阶段。四阶段论，如宋养琰（2008）；五阶段论，如王金胜（2008）根据所有权和经营权的博弈来划分国有企业改革。总的来看，对国有企业改革的研究表现出多视角的特征，不但有时间视角、产权视角，而且随着改革的深入，出现了从利益视角、资本视角等来认识国有企业改革，从而深化了对国有企业改革的认识。这些不同角度的认识的共同目标是把国有企业塑造成为市场经济的微观主体，并围绕这一目标展开研究。考虑到改革的复杂性和阶段性，需要明确国有企业改革在不同时期的目标，并从整体上把握国有企业改革的路径演变，只有这样，才能推进国有企业改革的顺利发展。

二、国有企业改革的目标转换

从经济体制建立和完善的视角看，中国经济发展经历了计划经济、计划经济向市场经济的转轨阶段，以及全面建立社会主义市场经济三个阶段，其间，对国有企业性质的认识经历了从特殊形态到一般市场微观主体再到特殊形态的三个阶段。在计划经济和转轨阶段，由于特殊的产权关系，国有企业被认为是一种特殊企业形态；进入到市场经济阶段，由于市场竞争内在要求，国有企业逐步被认为是参与市场经济竞争的一般微观主体，与非国有制企业一同平等参与市场竞争。随着市场经济充分发育，国有企业本身的国有属性和企业属性将经过充分的市场竞争后逐步清晰和明确，国有企业内生的两种属性的冲突将导致国有企业回归国有属性，从而使国有企业成为市场经济中的一种特殊企业形态。在这个企业形态转变的过程中，国有企业改革的目标将按照机制平衡、边界清晰、属性突出、监管有效依次进行转换。

1. 机制平衡

从国有企业改革的历程来看，不管是经营机制方面的改革，诸如利改税、扩大生产经营自主权、承包租赁以及后来的抓大放小、债转股、三年脱困等，还是后面的所有权和经营权两权分离的改革，都是试图纠正长期以来在国有企业和外部影响因素之间存在的不平衡状态，试图建立外部力量和国有企业之间的平衡机制。随着建立社会主义市场经济目标的明确，对国有企业改革的认识逐步加深，取得了一些重要理论共识，例如股份制可以成为公有制的主要实现形式，产权清晰是建立现代企业制度的核心，建立公司法人治理结构是关键等。这一阶段改革的目标主要是想在企业内部建立一种各参与要素利益平衡机制，从而使企业内部利益相关方处于均衡状态。从目前改革目标的实现效果来看，初步实现了国有企业与外部影响因素、国有企业内部各因素之间的机制平衡。今后的改革重点将是不断完善这两种平衡机制。

2. 边界清晰

随着公有制和非公有制经济的充分发展，国有企业改革的目标就将转换为如何明确国有企业的边界。随着国有企业改革的深入，一个基本共识就是国有企业不可能在所有领域都存在。但是考虑到中国所具有的三重身份：发展的转型国家、市场经济国家和社会主义国家，国有企业的边界必然具有与一般市场经济国家不同的范围。按照一般市场经济国家的经验看，国有企业主要是宏观调控的工具，用来弥补市场失灵，从而分布在特定的领域和行业，如铁路、煤气等领域。但是中国本身的多重身份也决定了国有企业分布的边界比市场经济国家要大[①]，即除了弥补市场失灵的缺陷外，还需要积极参与到经济社会发展中去，发挥导向、引领作用。这种功能多样性就决定了国有企业在产业分布上具有相对分散性。当然，随着市场经济体制的完善和成熟，转型时期的结束，国有企业必定会向市场失灵领域集中。

3. 属性突出

在国有企业逐步实现合理布局后，随着市场竞争的充分发展，国有企业内生的国有属性和企业属性之间的冲突必将凸显，从而国有企业改革的主要目标自然转换为确保属性突出。一般来说，国有属性强调了外部性，体现了公共利益；而企业则强调了成本收益的对称性，体现盈利性。这就要求对国有企业进行分类改革，即根据功能定位把国有企业分别划分成两大类型，一大类是突出国有属性，强调了公共利益导向；另一大类型是突出企业属性，强调了市场竞争导向。通过这样的分类改革后，杜绝了以往国有企业因为兼具公共利益和市场利益而发生相互"搭便车"的行为，清晰界定了两种属性的差别，有助于市场竞争秩序的平稳演化。

4. 监管有效

2003年国资委的成立标志着国企监管体制的初步建立。随着国有企业改革的深化，国资委的有效监管将首先表现为监管全覆盖，即监管对象从经营性国有企业向非经营性国有企业拓展，逐步将文化、金融以及行政资源等纳入监管范围。由于目前的国资委本身具有行政、监管和所有者三种属性，从而造成了国资委角色的混乱，特别是随着国资委直接持有上市国有企业的股权比重提高，国资委的三种属性的矛盾将日益加剧，需要对国资委的监管功能进行有效的制度安排，以提高监管效率。因此，在国有企业逐步实现功能分类后，国有企业改革的重心将自然转换为如何提高国资监管的有效性。

---

① 1999年9月22日召开的中共十五届四中全会通过的《中共中央关于国有企业改革和发展若干重大问题的决定》提出国有经济要在关系国民经济命脉的重要行业和关键领域占支配地位。十六届三中全会强调，"关系国民经济命脉和国家安全的大型国有企业、基础设施和重要自然资源等"。具体来看，国有企业分布在涉及国家安全的行业、重大基础设施和重要矿产资源，提供重要公共产品和服务的行业，以及支柱产业和高新技术产业中的重要骨干企业。

上述对国有企业改革目标的分析并不是相互间绝对分离的,而是交叉进行的,但由于受到经济发展阶段的制约,特别是市场经济发育程度的影响,不同时期改革的主要目标应该是单一的,依次演变的。当然,这种分析的一个重要前提是把国有企业形态对应划分为特殊企业——一般企业——特殊企业三个演变过程[①]。从改革的进程来看,当前的国有企业改革还处于第二阶段目标,即以突出机制平衡为主要目标的阶段,工作重点主要是通过加强董事会、监事会建设来完善法人治理结构。

三、国有企业改革的路径演变

国有企业改革的目标决定了改革的路径及其演变轨迹,而贯穿于其中的一条主线就是不断推动国有企业从特殊到一般再到特殊的转变。目标和主线的相互影响决定了国有企业改革路径演变的轨迹,这一改革将沿着政企分离、政社分离、政资分离和政监分离的轨迹逐步深入,以最终实现国有企业与市场经济融合发展。

1. 政企分离

社会主义市场经济必然要求改变以往在计划经济条件下的国有企业从属于政府的地位,政企分离的改革就成为自然选择。从目前来看,政企分离包括了狭义和广义两重意思。狭义的政企分离则是从产权关系上理顺国有企业和政府的关系,将国有企业推向市场,使国有企业成为自主经营、自负盈亏的经营主体。从广义来看,早期的国有企业和政府关系的调整将逐步演变为在市场经济条件下包括国有企业在内的多种所有制经济成分的企业与政府的关系调整,逐步实现政府和企业"各归其位"。由于改革具有政府主导性的特征,从而在客观上形成了政府对企业特别是对国有企业经营行为的有形或者无形的干预。从目前改革的效果来看,政企分离取得了显著成效,企业的自主权得以充分保障。但由于国资委在管人、管事和管资产方面的改革依然还在探索之中,国有企业依然在一些方面受到诸如发改委等部门的制约,从而对国有企业的行政干预在一定程度上存在。政企分离的改革尚未结束,需要进一步通过改革来实现国有企业的亲市场化。

2. 政社分离

政社分离的本意是政府从社会组织机构中退出,具体到国有企业改革,则是改变以往政府和市场两分法的传统观点,采用政府、社会组织和市场三分法的观点来认识国有企业与政府的关系。在计划经济条件下,企业办社会是政府职能的一种延伸,国有企业承担了政府的部分职能。随着市场经济的发展,国有企业必须要摆脱

---

① 对于国有企业最终地位的认识,学术界形成了如下认识:一种观点认为国有企业最终只是市场经济竞争的参与者,与非公有制企业并无差异,即普通企业观;一种观点认为国有企业通过改革,最终实现其特殊属性,即体现出国有属性,即特殊企业观。文中作者更加倾向后一种观点。

众多的社会职能、轻装上阵，才能够在市场竞争中平等参与竞争。这就需要培育更多的、包括国有企业在内的多种所有制类型的专业性社会中介机构，从而按照社会分工的原则来推动国有企业的转型升级发展。党的十八大报告明确提出，要加快形成政社分开、权责明确、依法自治的现代社会组织体制。这表明政社分离的步伐将逐步加快，这将在很大程度上改变目前国有企业不同程度充当"行政漏斗"的非正常状态，逐步把国有企业承担的大量非经营性任务剥离出来，真正实现国有企业的"减负"。

3. 政资分离

随着各级国有资产监督管理委员会的成立，从法律法规上讲，作为国有企业的监管者的国资委已经不再承担社会公共事务的管理职能外，而是专司国有资产管理者职责[①]，但是在实际中，国资委亦然成为了政府组成机构，承担了大量诸如信访稳定、节能降耗、就业保障、安全生产、环境整治、防台防汛、食品卫生等大量公共管理性事务，这就势必弱化了出资人职能。在国务院给国资委的三定方案中的主要职责中，明确规定国资委需要"承办本级政府交办的其他事项"[②]，这一明文规定本意为国资委改革预留空间，但在实践中，其他党政部门和行政人员都习惯于把国资委作为行政机关来传达、贯彻和沟通行政指令，这种体制缺陷造成国资委成为事实上的行政机构。同时，保值增值的要求需要国资委具有专业性、市场应变能力强等特征，这就造成了在实际履行对国有资产的保值增值过程中出资人职能与履职能力的不匹配。因此，需要加强政府职能转变，真正实现国资委出资职责的到位和能力的提升，才能够促进国有企业的发展。

4. 政监分离

从狭义的角度来看，政监分离更多地体现为国资委的行政职能和监管者两种职能属性的清晰和分离。如果这两种属性冲突不解决，必将引发市场经济秩序的混乱，因此，随着市场经济的不断发展，国资委需要将行政功能剥离出来；由于国资委并不是专业性的资产运作机构，在资产保值增值方面将越发"力不从心"，这就要求将其保值增值的责任逐步转移到专业资产管理平台上。在一定程度上讲，国资委是市场发展到一定阶段的一种过渡性制度安排，随着市场经济体制的不断完善、市场竞争格局的调整，国资委的定位和职能必将重新明确和进一步演化，从而最终

[①] 根据《企业国有资产监督管理暂行条例》第七条的规定，各级人民政府应当严格执行国有资产管理法律、法规，坚持政府的社会公共管理职能与国有资产出资人职能分开，坚持政企分开，实行所有权与经营权分离。国有资产监督管理机构不行使政府的社会公共管理职能，政府其他机构、部门不履行企业国有资产出资人职责。

[②] 2008年公布的国资委"三定"方案除了增加国资委对国有资本经营收益管理的部分职能外，并无太大变化，相反，政府公共管理部门的角色则更加强化，这表现在新增加了"负责企业国有资产基础管理"的政府公共管理职能。参见《国务院关于机构设置的通知》（国发〔2008〕11号）。资料来源：http://www.sasac.gov.cn.国务院国有资产监督管理委员会网站。

使国资委成为单纯的监管机构。当然，从更广义的角度来看，实现政府行政职能和政府监管机构的分离有助于形成决策权和监管权的分离，最终形成有效的权力制衡机制。

以政企分离为出发点，推动国有企业所有权和经营权分离，进而要求政社分离改革的深入。随着所有权和经营权改革的深化，对国有企业的监管就成为必要。从狭义的角度来看，作为国有企业监管者的国资委具有行政属性、监管属性和出资人属性，从而引发了内在矛盾和冲突。这就迫使改革进入到政资分离、政监分离的阶段。而从更广义的视角来看，国有企业改革路径演变的背后，往往体现为政府职能的转变，本质是如何处理政府和市场的关系。由于市场发育程度和国情的差异，在国有企业改革进程中上述四种类型的改革进度并不同步，但改革的路径演变轨迹是明确的。

四、对国有企业深化改革的对策分析

从国有企业改革的目标转换以及路径演变的轨迹来看，国有企业改革的本质是在市场经济条件下，实现国有属性和企业属性在国有企业内部实现平衡，而外在表现为国有企业经过功能分离后更加适应市场经济。因此，需要从以下三个方面入手，来重点推进国有企业改革：

（一）治理机制的平衡是重点

随着所有权关系的逐步理顺，企业外部和企业之间的平衡机制逐步建立。但由于企业内部利益各方尚没有实现机制平衡，先后出现了内部人控制、一股独大等现象，这种内部利益各方不平衡也容易造成外部平衡机制的不稳定。因此，一是要探索外派监事团队监督新机制。形成外派监事形成团队，该团队由外派监事会主席和若干名外派监事组成，并与企业内部监事组建监事会，从而实现监事会内部力量平衡。二是积极依法落实职工董事、监事制度，并在相关章程中明确相应的责任。同时，对于全面建立董事会的国有企业，进一步落实外部董事制度，从而在董事会中形成新的平衡力量。三是正确处理党组织和董事会的关系，在发挥党组织参与决策、带头执行、有效监督的前提下，积极推进党管干部原则和股东提名董事会人选制度的有效耦合。这种企业内部力量平衡机制的建立，将有效保持国有企业稳健运行。由于国有企业的类型比较复杂，因此，对于产业类企业而言，重点是落实和完善外部董事制度。对于投资类国有企业而言，要通过建立监事会审计与风险监控专业委员会来实现平衡。上市的国有企业则严格按照有关证监会要求不断完善法人治理结构。资产经营类的国有企业则逐步对接国际投行，按照其治理结构来构建符合国情的自身治理模式。通过建立不同的平衡机制，实现国有企业自身在市场经济中的持续发展。

(二) 减弱行政化对国有企业的影响是前提

国有企业改革能否成功的前提是在多大程度上减弱行政化干预的影响。国有企业改革虽然是从政企分离起步,但由于政府和国有企业存在特殊的产权关系,行政干预的影响始终存在,成为了国有企业发展必须要考虑的重要因素。当前,减弱行政化干预国有企业的一个重要突破口就是逐步淡化国有企业的行政管理色彩,积极推动国有企业干部管理制度的市场化改革力度。从目前的实际情况看,可以从两个角度来考虑改革思路:一是按行业竞争力来进行分类管理。按照现有国有企业在行业的地位来考虑,对于处于行业龙头地位的国有企业而言,主要领导可以考虑采用直接管理的方式由行政机构的常委会或者组织部来任命、考核,企业其余主要领导人则直接由国资委来考核。依照《公司法》的规定,副职可以由国资委根据董事会的规范程度放权给董事会。二是按照重要性来进行分类管理。对于基础设施类、公益类以及与重要公共产品供给、重大保障有重要关系的国有企业的领导人均由行政机构的常委会/组织部来直接考核,其余企业的主要领导人则由国资委来考核。需要说明的是,不管从什么角度来进行分类,都需要逐步提高市场化考核的力度和范围,真正实现市场在配置人力资源方面的重要作用。

(三) 国资委职能的动态转变是关键

不管是国有企业改革目标的转变还是改革路径的演变,都离不开监管者——国资委的积极参与。任意阶段的改革目标的实现、改革路径的形成都要求国资委在职能转变上给予积极响应。从目前国资委设置方式、组成结构以及管控方式来看,更多是以一个行政机构的方式存在,而市场竞争要求国有企业经常处于动态变化的现实迫使国资委必须要实现从行政机构向非行政机构的转变。市场经济发展到一定阶段,市场竞争将无法容忍在行政架构下存在的市场主体的竞争方式,即需要从现有的行政框架下国有企业的管控模式向亲市场性的、价值角度的资产管理和股权管理方式转变。从而负责行政职能的相关下属机构将通过职能转移,或者整体移植等方式,考虑与其他机构职能合并或者以属地化管理的方式"外包"出去,从而实现最大限度地减弱行政化影响甚至达到去行政化。随着国资委越来越多地直接持有上市公司的股权,对保值增值的要求将需要对国有资本进行更加专业化资本运营,这就要求国资委的出资人职能必将在国资委大幅度持股的条件下逐渐分离出来,从而使国资委成为单纯的监管者。需要强调的是,国资委职能转变的滞后将阻碍国有企业改革,而其职能转变的超前将可能无法实现预期效果,这就要求国资委职能的动态转变必须要与国有企业改革的目标和改革路径保持一致,从而形成目标、路径和体制的同向性改革合力。

国有企业改革的历程表明了其改革是一项系统工程，不但涉及微观领域的运行机制的改革，而且涉及中观领域的产业结构的调整，甚至涉及宏观领域中的体制机制的变迁，因此，在关注国有企业改革的目标转换、路径演变的过程中可能需要更加注重形成改革的大系统合力，从而确保改革能够顺利开展下去。

参 考 文 献

1. 李兆熙：《我国国有企业改革三十年回顾》，载《重庆工学院学报》2009 年第 5 期。
2. 陈清泰：《国企改革转入国资改革》，载《上海国资》2012 年第 6 期。
3. 邵宁：《定调"十二五"国有企业改革》，载《今日中国论坛》2011 年第 9 期。
4. 郑海航：《内外主体平衡论——国有独资公司治理理论探讨》，载《中国工业经济》2008 年第 7 期。
5. 宋养琰：《国有企业改革 30 年》，载《经济研究导刊》2008 年第 12 期。
6. 王金胜、陈明：《我国国有企业改革：历程、思路与展望》，载《华东经济管理》2008 年第 8 期。

Analysis on the Objective Convert, Evolutionary Path, and Suggestions for State-owned Enterprises

Shi Tao

(Economic Department of Shanghai Party Institute of CCP, Shanghai 200233, China)

Abstract: the conflicts between the state-owned attribute and enterprises attribute of State-owned enterprises would lead to the reform objectives convert in accordance with the mechanisms triggered balanced, clear boundaries, attributes prominent, effective supervision successively in different stages of economic development. The reform objectives transform of the state-owned enterprises in turn can determine the evolution orbit of state-owned enterprise reform path, which would gradual penetrate deeply along the path of separation of government and enterprises, government and society, government and assets and regulators-enterprisesIn order to achieve the objectives of the reform path of transformation and evolution successfully, we need to continue to explore different types of governance mechanisms of state-owned enterprises, and gradually weaken the impact of administration on the development of state-owned enterprises, adjusting the functions of

State-owned Assets Supervision and Administration Commission in the dynamic development, and then ultimately achieve economic integration and market development of State-owned enterprises.

Key words: State-owned Enterprises; Market economy; Reform

JEL Classifications: M2 G3

国有企业社会责任的分类分析与应用

汤 鹏[*] 卢 瑛

(上海徐汇区国资委 上海 201203)

内容摘要：本文从企业社会责任的一般理论成果与法律规定入手，结合国内社会责任研究以及立法实践，归纳了我国国有企业社会责任的典型特征：对价的非对等性、履行的强制性、形式的复杂性、责任履行与利润追求的矛盾性，进而在对现行企业责任分类进行全面回顾的基础上，提出政府职能代行类、政府责任分担类、社会补偿类、公益回馈类和法定责任类的新分类方法，并简要讨论了基于国有企业社会责任新分类的应用方向。

关键词：国有企业；社会责任；分类分析

一、引 言

1919 年德国《魏玛宪法》第 153 条宣称"所有权包括义务，于其行使，应同时兼顾公共利益"，较早时期见于法律明文、关于所有权限制的非直接性解释，可以说也是最早关于社会责任的表述，其针对的主体涵括了拥有并且能够行使所有权的自然人、法人等，而这一表述实际上已经表明社会责任并非一般意义上所认为的单纯的"奉献"、"回馈"或者"反哺"，更应当是植根于所有权权利行使的一种非对价性的、自发履行的法定义务。近百年后，在经济、社会改革发展进入关键时期的中国，"社会责任"开始受到公众的热烈关注，对"企业良心"、"企业道德"的推崇和呼声此起彼伏，《南方周末》等公众媒体更是以主题论坛、实践案例专刊评比等形式表达出对企业社会责任的高度关切和全力推动，诸多知名企业尤其是高垄断、高污染企业也正在以对外形象塑造为重点，连续多年发布社会责任报告，并且顺应形势的需要，逐步演进为"企业持续经营"与"回馈社区、社会"相互协调与交融的企业可持续发展报告，这不仅传递了社会、企业和公众个体对企业社会责任意识及其履行的共同期许，而且也在一定程度上，凸显出学界与实践领域对社会责任内涵、本质以及履行形式的不同理解与争论将会长期存在。在这中间，由于国有企业出资人背景、独占性资源、相对固定的商品或者服务承受方以及营销网络的特殊性，比较而言，其矛盾最为突出、争论最为激烈，焦点也集中在国有企业社

---

[*] 汤鹏（1979~ ），男，江苏如皋人，上海徐汇区国资委，经济法学硕士，主要从事国有资产体制管理研究。

会责任的界限在哪里，而这并非三言两语的概念定义所能解释透彻，因此，有必要透过更为科学的分类分析方法，对国有企业社会责任架构进行立体化、全方位的解析，并且分别给出评价指标和有针对性的管理，使国有企业社会责任落入可控制、可评价、可改进的模式之中。

二、国有企业社会责任的特征分析

谢尔顿于1924年最早提出现代"企业社会责任"的概念，并且给出了一个精要的定义：企业应该为其影响到其他实体、社会和环境的所有行为负有责任。随着经济社会变革与发展以及企业管理模式的创新与实践，企业社会责任的定义与内涵已经得到更多层面的充实，其界限也在争论中日趋明晰。

（一）企业社会责任的一般理论、法律评述及国内实践

实践是理论与法律建设的源泉，而理论是对实践的总结和指南，法律是实践的提升和固化。所以，对理论与法律成果的概述将会为我们展现企业社会责任的发展脉络、变革过程以及社会的认识程度等，同时，也为企业社会责任的科学分类提供可靠的理论土壤和分析基础。

1. 一般理论

百度词条援引刘兆峰在《企业社会责任与企业形象塑造》中的定义：企业在创造利润、对股东承担法律责任的同时，还要承担对员工、消费者、社区和环境的责任。这一表述基本采用了利益相关者理论进行了界定，将企业社会责任与狭义的经济责任、遵从法律的行为相剥离开来。诺贝尔奖得奖人、经济学家米尔顿·弗里德曼在1970年9月13日的《纽约时报》上刊登题为"商业的社会责任是增加利润"的文章，指出"他们必须承担社会义务以及由此产生的社会成本。他们必须以不污染、不歧视、不从事欺骗性的广告宣传等方式来保护社会福利，他们必须融入自己所在的社区及资助慈善组织，从而在改善社会中扮演积极的角色"。这一论断比较生动地描述了社会责任的现实体现，但就全文而言，关于社会责任的讨论只是为了佐证：企业应当增加利润以保证持续运营为第一责任。约翰·马雷斯卡在2000年5月5日《参考消息》"企业新概念"一文中称，企业已不再被看作只是为拥有者创造利润和财富的工具，还必须对这个社会的政治、经济发展负责。这一概念固然新颖，但企业社会责任在此却被放大到自身难以承受的大范围之中。此外，美国社会责任国际所主张，应当将企业社会责任与商业责任区别开来，即在创造财富之外，还必须对全体社会承担责任，一般包括商业道德、保护劳工权利、保护环境、发展慈善事业、捐赠公益事业、保护弱势群体等。美国

经济发展委员会在《工商企业的社会责任》报告中,把企业社会责任比作三个同心圆,包括内圈最基本的企业创造经济价值的责任、中圈配合社会政策职能而执行经济法律的责任和外圈积极改善社会环境的责任(李清华,2010)。前者的定义已经相当具体,但却在框架性或者体系性上有所缺失,后者则恰好相反,有失宽泛。

2. 法律评述

1976年经济合作与发展组织(OECD)在《跨国公司行为准则》中主张:更加保护利害相关人士和股东的权利,提高透明度,并加强问责制。虽然这是迄今为止唯一由政府签署并承诺执行的多边、综合性跨国公司行为准则,但相关条款仍属倡议性规范,对签约各方并无强制执行的效力,而且条款本身的操作性也有待进一步探索和完善。2002年,为提振民众对金融市场的信心,美国实施了《企业社会责任法案》,加大对忽视社会责任、侵害相关者利益的企业的处罚力度,但此处的社会责任的主要出发点是维护经济秩序和社会平衡、稳定。英国1973年《公司改革白皮书》首次提出社会责任,之后在《英国公司法》第35条、《城市法典》第9条都对董事规定了"应考虑包括企业全体职工的权益以及其他成员的权益"的义务,但是从社会责任的实际影响面来看,如此规定还是略显狭隘。此外,日本、瑞典等在环境保护、能源利用等方面对企业社会责任也进行了立法规制方面的尝试。

3. 国内实践

我国法律对于企业社会责任的定义或者内涵尚无直接规定,仅在2006年《公司法》中首次引入社会责任这一提法,要求公司"从事经营活动,必须遵守法律、行政法规,遵守社会公德、商业道德,诚实守信,接受政府和社会公众的监督,承担社会责任",在《消费者权益保护法》、《产品质量法》、《食品卫生法》等条款中暗含了相关的提示性要求,但都流于形式,缺乏必要的诠释和切实的操作性。此外,深交所发布的《上市公司社会责任指引》、2007年中消协颁布的《良好企业保护消费者利益社会责任导则》等均从鼓励或者倡导的角度出发,制定了非强制执行的书面规范。至2008年,国务院国资委为促进认真履行好社会责任,实现企业与社会、环境的全面协调可持续发展,针对中央级国有企业制定实施了《关于中央企业履行社会责任的指导意见》,然而,一方面立法层级不够高(仅为部门规章),并且适用范围限定在中央企业,其影响面、示范面、促进面受到很大制约;另一方面,基本均为原则性规定,更未对企业社会责任给出明确定义,只通过列举的方式描述了八个方面责任内容:坚持依法经营诚实守信、不断提高持续盈利能力、切实提高产品质量和服务水平、加强资源节约和环境保护、推进自主创新和技术进步、保障生产安全、维护职工合法权益、参与社会公益事业,这样的规定显然太过泛泛,与国有企业的特殊属性尚未紧密贴合。

（二）国有企业社会责任的特征

经济合作与开发组织曾指出，国有企业不同于私有企业的根本点在于，国有企业在社会责任和义务以及公共政策目标这方面的要求和标准比私有企业要高得多。可见，国有企业社会责任甚至不是因为"国有身份"显得"超脱"，而是国有企业因为在社会责任领域的不同寻常表现而让自身与众不同，那么这种不同表现出哪些特性呢。

1. 对价的非对等性

一般企业在安排社会责任时都会考虑对价的对等性，即付出的成本与收获的利益间应当保持平衡，比如社会捐赠应当与税收抵免、企业形象相关联。而国有企业特别是非竞争性国有企业，因为其出资人的国家背景或者资源的独占性，使得社会公众大多先入为主地认为国有企业的经济、法律、社会责任的履行都应当服从"全民所有"的伦理要求，国有企业的一切努力都应当被看成是在出资人监管下的当然义务，在社会责任方面的付出不应当也不需要寻求相应的对价。虽然，从另一方面来说，我们也的确必须破除既有的认识误区，国有企业承担社会责任并非全部是无偿的。比如市政类国有企业所从事的指定路桥建设或维护往往不能为其带来完全对等的经济或者社会效益，就其行为本质而言，更多情况下是政府职能的代行甚至延伸，但是社会公众却将这种社会责任看成是企业垄断性的交易行为。

2. 履行的强制性

考察国资国企改革的进程，不难发现，有相当数量的国有企业在这一过程中承担了拯救其他企业、保护民族品牌、保障房建设、新能源技术开发与应用等政府指令性任务，而且这一任务大多是强制性的，有时甚至违反了市场对于企业发展的一般规律性要求，对企业本身的利润追求、成长壮大都产生了不同层面的负面影响。而一般企业在面临这些机会或者挑战时，往往会综合考虑自身承受能力和未来收益之后再权衡利弊、作出选择。

3. 形式的复杂性

分析企业社会责任报告或者可持续发展报告即可看出，一般企业社会责任的履行形式多数集中在社会捐赠、慈善事业、公益活动等方面，这些形式基本不触及企业经营活动的核心部分，因此具有单一性和可区分性。而国有企业承担社会责任的形式则不仅包括上述纯公益性的、狭义的社会责任，还应当囊括通过经济运行手段实现的社会责任，比如老公房物业管理、房屋紧急维修、道路抢险、防洪防汛等，与企业自身的主营业务交叉叠加，并且会产生微薄的收益或者干脆引发亏损，这一切导致社会责任的履行形式纷繁复杂、结构难以分割、成本难于核算、收益无法预估。

4. 责任履行与利润追求的矛盾性

从"履行的强制性"这一特点衍伸开来，国有企业在履行社会责任时受制于政府的刚性要求，经常无法全面、及时考虑成本支出与预期收益问题，直接引发了"追求利润最大化"与"社会责任履行"之间的矛盾，这也是国有企业必须面对、经常面对并且可以说是与生俱来的难题。而且在目前国资国企改革的新形势下，对国有企业转变成为完全的市场竞争性主体的要求越来越高，也使得这一矛盾愈演愈烈。因此，对国有企业社会责任的分类判定将有助于取得社会的理解、政策的支持和促进经营理念的更新。

三、国有企业社会责任分类的回顾与重构

企业社会责任的内容构成理论中，比较通行的是卡罗尔的"企业金字塔社会责任论"，分为四个等级：经济责任、法律责任、道德（伦理）责任和慈善责任，这一内部性的分类方法得到了理论与实务界的双重认可，实际上也有助于对社会责任的内涵进行系统而深入的了解。在此基础上，诸多研究成果都展开了更加细致的探讨，所以除了内部性分类之外，还出现了多个维度的外部性分类阐述，使国有企业社会责任与一般企业社会责任严格区分开来，突出了国有企业社会责任广泛而丰富的外延，为分类方法的改进和基本结论的推演提供了理论与现实依据，从而更准确地定位我国国有企业履行社会责任的切入点和突破口。

（一）国有企业社会责任的基本分类

1. 按管理层级分类

这是一种事实分类。从出资人监督管理机构的层级上来看，我国国有企业一般可分为两大分类、三个层级，即中央与地方两类国有企业；中央企业、省（直辖市）国有企业、市县及以下国有企业三个层级。相对应的也就存在三个层次的企业社会责任，这一区分的必要性在于：由于出资人地位的不同、出资人所属政府层级的不同、相应政府产业政策重点的不同、区域经济社会发展阶段的不同等差异性显著，各层级国有企业社会责任的重点也会随之天差地别。一是就中央企业而言，随着国资国企改革的不断深入，大多中央企业已经基本迈入完全竞争性的轨道，其社会责任更多的是采用通行的标准，主要内容侧重在持续经营、社会公益、慈善事业和环境保护等方面。二是就省（直辖市）国有企业来看，国资国企改革正处于攻坚阶段，虽然各地区之间的发展十分不平衡，但基本处于调整转型的关键时期，公司治理结构以及产品组成、员工构成、薪资体系等方面正在不断与现代企业发展

要求逐步适应，其社会责任的重点在于：通过自身经营方式的转变和效益的提升，确保国有资产保值增值以及配合地方政府产业政策落地，附带着部分企业自己能够承受的公益、慈善等外向责任。三是从市县及以下国有企业的定位来看，有相当数量的企业是从事业单位等转制而来，本身原有的行政功能痕迹会在较长时期里存在，因而，与前两类企业相比，其社会责任的区域性、封闭性以及行政性都更加突出，这就决定了责任履行的重点将被长期定格在政府职能的延展和细化上。

2. 按经营目的分类

上海国有资本运营研究院 2013 年发布的《国有企业分类监管研究》成果中提出：判断以追求经济目的为主还是社会目的为主，具体可分为公益型、市场型和介于两者之间的"混合型"国有企业。一是公益型国有企业的社会责任。该类企业主要集中于事关国家安全和国计民生的领域，以及私人资本不愿进入或无力进入的可竞争性差的基础性产业，可见，"公益"其实解释为"民生"更为妥当，其社会责任的履行已经成为该类企业运行的核心，并且基本不会受到利润最大化的影响。二是市场型国有企业的社会责任。这与普通的公司制企业并无太大差别，社会责任任务已经无法通过行政指令等方式强行派发，企业更多的会通过成本核算等手段对责任履行进行更理性的研判，甚至围绕预期收益与政府展开磋商，毕竟代行出资人权利的各级国资委虽然隶属于各级政府，但委托代理的模式已经决定了所有权与经营权之间的分离，这类企业社会责任的履行应当在保值增值这一总体目标的引领下量力而行。三是混合型国有企业的社会责任。该类企业被认为是当前实施分类监管的重点研究对象，原因在于：这类企业有的处于自然垄断或行政垄断领域；有的则尚未真正实现政企分开，有时可有必要的财政补贴或特种税收；有的主要任务是生产"准共用品"或某些特殊的私用品，产品价格与成本有较大的相关性，多采取政府核准定价或政府指导定价方式。其关键点在于产品既非公益性、运营又非市场化，因此，由于处于这样一个中间地带，所以其社会责任的履行势必杂糅在经营活动之中，使得企业社会责任与经济责任的区分存在相当大的难度。

3. 按服务对象分类

有研究提出国有企业社会责任的市场主导、政府主导、动态力量、利益相关者等运营模型，表面上看，是针对社会责任的实质组织者或者主导者进行的划分，但实际上是对服务对象的阐述。一是服务社会的社会责任。这里的社会是最广泛意义上的社会以及社会成员，实现的方式都是通常最多看到的社会捐赠、公益事业等，无论是市场主导还是政府主导，这一类责任的履行动力绝大程度上来自企业的自觉，而付出多少也有赖企业的良心。二是服务区域的社会责任。区域的概念明显小于社会，然而从一定角度加以分析，其效用却不容低估。随着城镇化进程的不断推进，区域的含义已经不只是简单的地理概念，更多的是一种群体的集结，因此服务区域的社会责任可能体现在：服务社区的整体发展、服务特定弱势人群的发展、服务特定行业的特殊需求、服务区域环境保护等。当然服务区域的社会责任中也不可避免地要将同级政府服务需求涵括其中，与区域同等级的政府承担着发展区域经济、社会的重任，而国有企业身处其中也必然要通过自身的努力，参与分担相应的基础设施、产业转型、结构调整、创新发展等社会责任。三是服务利益相关者的社会责任。利益相关者理论大概是较早被学界采纳并且沿用至今的，如今已逐渐被扩大到联系最为脆弱的利益相关者，而这样的扩张会让"利益相关"的界限模糊不清、难以把握，因此就国有企业社会责任的履行而言，需要把利益相关者限缩到"直接相关"的领域，比如：对股东负有永续经营、业绩增长等责任，对员工负有薪资增长、福利提升等责任，对产品客户负有质量保证、产品创新等责任。

4. 按责任来源分类

根据社会责任的最初来源，不少研究也支持包括国有企业在内的社会责任可以细分为法定的社会责任、指令的社会责任和自主的社会责任。一是法定责任，主要包括了环境保护、节能降耗、生产安全、员工健康、产品质量等内容，各领域的法律、法规和政策规范都对各条线上必须遵从的通行规则进行了明确，而且大多数规范都是普适性的，并不仅仅针对国有企业。但是也有一部分社会责任，比如改制单位职工安置等历史遗留问题的解决，属于某些国有企业的特定责任范畴。二是指令责任，这是目前国有企业独有的责任来源。其他一般企业受普适性法律原则的保护：法无明文、不予执行，以此最大限度地保证企业作为独立法人参与市场活动。而国有企业尤其是国有独资和控股企业，往往要接受来自最终出资人（政府）的指令性安排，进而服从全国或者区域经济发展的需要，开展一些符合政府绩效但却有违企业经营的社会责任，而且事后并不一定会得到等价的回报或者补偿。三是自主责任，在这一点上，国有企业与一般企业相近似，在法定义务、指定义务之外，可以从自身具体经营状况和实际需要出发，自主寻求和主动承担一些公众化的社会责任，以此获得宣传上、形象上的实际收益甚至产品上的未来收益，比如参与希望工程、救助弱势群体等。

（二）国有企业社会责任的新分类

系统回顾和综合考量现行的国有企业社会责任分类方法之后，可以发现，单一的分类方法可能有框架完整、脉络清楚、界限分明等方面的优势，但是对于国有企业这样一个多种身份重合的复杂个体而言，任何一种分类的单独运用，都会让国有企业社会责任的丰富且有所损伤，因而，有必要对各种分类方法进行整合和改进。

1. 现行分类方法评述

按管理层级的分类是垂直性的，从中可以看出实质出资人和监管人在社会责任的分派、引导和执行过程中所起的作用，但是这一分类方法也有过分夸大国资国企改革进程对社会责任履行好坏的影响力的嫌疑。按经营目的的分类是原则性的，依循了类似倒逼推演的方法，从国有企业最终想要努力实现的目标上着眼，其优势似乎在于界限明了，但是公益与市场并非两个可以直接分离并且放在同一水平位上予以考察的区分标准，可比性明显欠缺，更何况任一国有企业都很难在市场与公益之间做出类型上的分割。按服务对象的分类是具象化的，能够把抽象的社会责任分类与具体的服务对象、服务内容相连接，避免社会责任被单纯的概念化，但是社会、区域、利益相关者的分层依然不够斩钉截铁，相互交叉和重叠的部分较多。按责任来源的分类是系统化的，其科学性在于从根源上认知社会责任的内涵，了解社会责任的强行性程度，进而更深层次的揭示追求利润与责任履行间的矛盾如何发生和怎样缓解，但是如此分类的形式意义大过实质意义。

2. 新分类方法下的基本结论

在对现行分类方法优劣点进行梳理和分析的基础上，综合运用多个划分标准，采取网格化的整合方式进行类别归纳，对国有企业社会责任所独有的公共性、特定性、强制性予以进一步体现，形成了新的分类及判别依据。

（1）政府职能代行类。判别依据：该社会责任是否原属于政府职能范畴；该社会责任是否由政府强制下嫁给国有企业；该社会责任的下移是否没有形成相应对价。比如：在事业单位改制过程中，地方政府对某事业单位并不打算直接进行机构整合，而是通过"市场"的形式整体划转给某国有企业，并由该企业继受事业单位的资产、员工等并在之后一段时期对业务整合归并、对人员吸收分流。稍加分析，即可与判别依据一一对应：一是机构设置与撤销显然应为政府职能；二是虽然是以资产划转的市场化方式运作，但并没有市场选择的自由；三是国有企业继受了资产、员工管理等权利，表面上看有管理权作为对价，但同时员工薪酬、员工安置以及机构运行等费用与对价形成实质的冲抵，加之转制事业单位大多并非营利单位，因此对价其实从未现实存在。

（2）政府责任分担类。判别依据：该社会责任是否现属于政府职能范畴；该社会责任是否由政府部分地委托给国有企业分担；国有企业履行该社会责任时，是否已获得相应补偿（即便不是全部补偿）。这三方面的要求恰好与"政府职能代行类"划开一条比较清晰的界限。政府责任分担的具体实现方式是借助公平市场完成的，政府与国有企业之间形成了与一般交易相类似的围绕交易形式、时间、价款等重点协议并遵照执行。之前，有学者将市政建设、供电、供水或者防汛抢险等任务归入政府职能延伸的范畴，其实这并不符合职能延伸的非补偿性这一条件，上述责任的分担都产生了政府财政资金的支付或者补偿。

（3）社会补偿类。判别依据：该社会责任是否为某交易活动的附加条款；该社会责任是否为形式上的无偿；该社会责任是否具有比较明显的区域特点。该类别责任是与政府责任分担类相对应产生，区分的关键在于：该社会责任的履行是归属在政府现行职能里还是自由契约里。常见的是地产开发过程中，政府规划部门附带的要求国有企业为大型居住社区配套建设公园等公共服务设施，作为取得该地产开发项目的优先条件。虽然就上述附带条款单独来看形式上是无偿的，但从整个交易活动而言，对价已经包含其中，因而这种社会责任可以被看作是交易活动开展的同时，作为特殊身份的国有企业对社会公众的一种补偿。

（4）法定责任类。判别依据：该社会责任是否为法律法规所明文规定的义务；该社会责任是否与政府指令性要求完全无关；对该社会责任的不履行或者不完全履行是否会引致制裁或处罚。该类别责任是完全显性的，与其他类别最大的区别在于是否有法律法规明文规定，比如环境保护、员工福利、安全生产、税款缴纳等都有专门法律规定就必须严格遵守。

（5）公益回馈类。判别依据：该社会责任是否为完全自愿行为；该社会责任是否为非经营活动组成内容。该类别普遍存在于所有有道德、有良心的企业之中，也是企业对外形象塑造的重要举措，与自身经营活动紧密相连，有时会将产品路演也与部分公益行动结合起来，事实上难分彼此。但国有企业承担的公益回馈类社会责任应当更加具有公益性，所以特别需要强调与经营活动完全剥离，只有单纯的公益捐赠等才能归属此类。

四、基于国有企业社会责任的新分类思考

国有企业社会责任的分类并非只是学术研究的对象，更是国有企业监督管理工作中实际运用的重要内容。所以，在国有企业社会责任新分类的基础上，可以对其应用领域和方法进行一些有益的思考，展开一些抛砖引玉式的讨论。

（一）考核指标的设定

为进一步提升国有企业业绩考核体系的完整性、科学性，社会责任的评价应当纳入评判国有企业能力强弱、贡献大小的重要因素的范畴。以新分类结论为依据，可以对指标性质和具体内容作出设定。

（1）针对政府职能代行类和政府责任分担类责任设定鼓励性指标，通过重点考核参与项目数量、成本核算情况以及项目投入资金量占经营规模的比例等（张涛、孙红艳，2010），主要评定社会责任的隐性贡献度。并据此通过财政资金支持、税收优惠等方式，给予那些达到一定比例的国有企业相应的补偿，但是应当以政策倾斜为主、资金补偿为辅。

（2）针对社会补偿类责任设定引导性指标，通过准确认定该类补偿类合同总计金额等，对其参与附属商业配套建设、申请商业设施延期经营等竞争性活动给予一定的优先权利，从而引导国有企业在争取更大收益的同时，在民生工程中主动承担社会责任。但是，有关优先权利必须向全社会公开，引导国有企业的同时也鼓励

非国有企业的参与,一方面营造公平竞争的环境,另一方面也促进国有企业向完全竞争性企业转变。

(3) 针对法定类责任设定否决性指标,通过重点考察环境保护、安全生产、员工薪酬与福利等内容,对于凡是违反相关法律法规未履行相应社会责任的国有企业实施关键否决权的制度,直接与企业负责人业绩考核等挂钩,从而增强法定义务的强制性。

(4) 针对公益回馈类责任设定辅助性指标,在整体社会责任考核的基础上,设置有限分值作为加分指标,从而激发国有企业在提升盈利能力的前提下,坚持量入为出、量力而行的原则,充分参与到社会公益事业当中。

(二) 责任限度的控制

国资国企改革的案例不止一次向我们证明,国有企业绝不能以损害自身发展前景为代价去承担自己力所不能及的社会责任。因此,国有企业承担社会责任和政府承担的社会责任之间要有区分,必须严格遵守限度原则,比如职权限度和能力限度(陈萌,2007)。一是明确职权或者使命限度,代行职能和受托分担时都不能越位以政府角色自居,从而模糊市场主体与行政主体之间的界限,阻碍国资国企改革的步伐。二是关注能力限度,尤其是在承担政府职能代行类、政府责任分担类责任时,国有企业应当自我定位清楚,同时要通过多种渠道、多种方式向政府部门阐述承担相应责任将会产生的预期成本以及对现行经营策略和长期发展战略可能产生的负面影响,从而使责任委派或者委托双方都能在总体方向上有更加正确和及时的把握。

(三) 责任管理的完善

相对社会责任实际履行的较好表现而言,国有企业特别是地方性国有企业的社会责任管理却相当滞后。以发布社会责任报告为例,目前,全球5700多家企业发布了2万多份企业社会责任报告,截至2009年10月,发布社会责任报告的中国企业已有500多家,其中:中央企业仅为35家[①],地方性国有企业公开发布报告的一般仅为上市公司。所以,应当根据不同分类的社会责任的特点,设立专门的管理机构,落实社会责任工作责任制,进一步推动国有企业构建社会责任管理体系,全面开展社会责任实践,加强社会责任沟通,促进社会责任管理等相关信息的披露;另一方面,努力推进国有企业建立和完善社会责任指标统计体系,逐步建立社会责任信息搜集渠道,构建数据统计体系,进一步提升国有企业社会责任履行情况反馈的客观性、实质性和可比性,不断争取社会公众的理解与

---

① 国务院国资委研究局:《关于中央企业社会责任报告专题分析报告》,2010年。

支持。

五、结　　论

企业社会责任已经成为社会各界关注的焦点，国有企业社会责任也逐渐成为理论和实务领域长期而重要的课题。因此，我们清楚地认识到：关于社会责任分类方法的探索和讨论，仅仅是为国有企业履行社会责任提供了自我定位的基础、公众评价的标准和改进完善的坐标，而与此配套的一系列研究还需要我们进一步深入展开，国有企业社会责任的管理与工作质量的提升依然任重道远。

参 考 文 献

1. 李清华：《国有企业社会责任法律问题研究》，黑龙江大学，2010年硕士毕业论文。

2. 张涛、孙红艳：《国有企业社会责任与财务绩效关系研究》，载《第16届中国财务学年会汇编》，2010年。

3. 陈萌：《论构建国有企业的社会责任体系》，载《徐州教育学院学报》2007年第3期。

4. 黄速建、余菁：《国有企业的性质、目标与社会责任》，载《中国工业经济》2006年第2期。

5. 刘玲：《国有企业社会责任研究》，载《理论界》2007年第9期。

6. 乔治·斯蒂纳、约翰·斯蒂纳：《企业、政府与社会》，华夏出版社2002年版。

7. 秦颖、高厚礼：《西方企业社会责任理论的产生与发展》，载《江汉论坛》2001年第7期。

8. 沈俊：《企业承担社会责任问题的再探讨》，载《武汉理工大学学报》2003年第2期。

9. 魏明：《按共同治理原则构建国有企业的治理模式》，载《广东行政学院学报》2003年第3期。

10. 郑红亮：《公司治理理论与中国国有企业改革》，载《经济研究》1998年第10期。

Ponder Over the Analysis and Application of Social Responsibility Classification of State-owned Enterprises

Tang Peng　Lu Ying

(State-owned Asset Management, Xuhui District, Shanghai, 201203, China)

Abstract: This paper starts with the general theories and the law from the social responsibility of the enterprise, combined with the domestic research of social responsibility and legislative practice, summed up the typical characteristics of the state-owned enterprise social responsibility in China: Contradictions of non-reciprocity, enforcement, complex forms, the perform of the responsibility and the pursuit of profit, and then after a thorough review of existing classification of enterprises' social responsibility, the paper states a new method of classification: the substitution of government functions, the share to government responsibility, social compensation, public feedback and legal responsibility, and then give a briefly discussion on the application of the new classification about the social responsibility of state-owned enterprises.

Key Words: Classification and Analysis, State-owned Enterprise, Social Responsibility

JEL Classifications: M14　L32

〔产业经济〕

国有企业高管继任与战略行为关系
——以电信行业为例*

邵剑兵　安　曼　张金玉

（辽宁大学商学院　辽宁　沈阳　110136）

内容摘要：高管继任与企业战略行为之间的关系是战略管理的一个重要领域。转轨经济下的国有企业具有自身的特殊性，特别是国资委下属央直企业的高管继任存在着明显的行政调任特征，这种做法对企业战略行为的影响机理具有较为重要的研究价值。本文以中国电信行业的企业为例，采用扎根理论和案例研究方法，深入分析2001年到2009年间三家企业的高管离职与继任事件，以及继任后发生的战略陈述以及战略行为的变化，揭示出我国国有企业高管继任的特征以及对企业战略行为的影响。本文认为，我国国有企业的高管离职与继任存在着明显的行政性色彩，行业内不同企业间的高管调任对企业战略行为变化具有较为明显的影响，有利于促进行业内的知识溢出和提升弱势企业，但也不可避免造成企业的战略趋同。

关键词：高管离职；高管继任；战略行为；国有企业

引　言

高管离职与继任始终是战略管理领域中的一个重要课题，毕竟高管对企业战略制定和执行都有极为重要的影响。那么，究竟是什么原因造成高管离职，以及前任高管对此后的继任者有什么影响，以及继任发生后公司的高管团队以及战略行为都会有什么变化，这些都是值得研究的问题。与市场经济体制下的企业行为不同，转轨经济下的高管离职及继任具有其自身的特殊性。这里首先要理解转轨经济的环境特征，很多学者对此都进行了定义，并指出中国转轨期的市场特征，具有复杂、动

---

* 本文是国家自然科学基金"社会资本视角下我国上市公司终极股东控制与剥夺问题研究"（批准号71072072）；辽宁省教育厅人文社科项目（批准号W2010170）的阶段性成果。

邵剑兵（1972~　），男，辽宁盘锦人，辽宁大学商学院副院长，教授，管理学博士，主要从事公司治理、战略管理研究。

态和宽松的3种环境维度特性（Luo，1999；Dess & Beard，1984）。非市场特征也是转轨期中国市场的重要特征，政府的管制体制仍然被企业管理者认为是最有影响力、最复杂和最不可预测的环境因素（Tan & Litschert，1994）。在转轨过程中，尽管国有企业也在朝着现代公司制下的治理模式与运行机制的方向演变，国有企业也获得了在市场竞争中更大的自主经营的权力，但不可避免地仍然保留着较多非市场经济的特征。例如，一些国有企业的管理人员仍然具有一定的行政级别和行政身份等，这些都令以国有制为主要形式的中央直属企业，无论在高管继任的决策过程以及继任后的企业战略行为变化上，相对于其他所有制形式的企业而言，表现出明显的不同。

近年来，国内外学者关于高管继任的研究，大多是以企业内的主要高管（董事长、CEO或总裁）为研究对象，这样做有利于研究的聚焦性。由于本文不仅研究主要高管的离职与继任，也涉及高管团队的变化，因而有必要对高管的范畴加以明确界定。本文将高管人员划分为核心高管和一般高管，其中核心高管为董事长、CEO、总经理或总裁，而一般高管是企业高管团队中除核心高管之外的其他成员。选取了2001年到2009年间中国电信行业中的三家企业，即中国联通、中国电信和中国移动的高管离职和继任事件，并对上述高管更迭行为与此后的高管团队以及战略行为变化的关系进行了分析。本文发现，作为中央直属企业，这三家企业的核心高管离职具有其自身的特殊性，除了正常退休外，其他的核心高管离职行为既不符合主动辞职，也无法归属于被动解职，故提出一种转轨经济下的特殊类型：调任。与此相应，核心高管继任也存在着这种情况，即尽管继任者来自企业外部，但不符合企业外部招聘职业经理的范畴，同样具有调任的特征。本文还发现，关于继任者的职务安排也存在着一定的差异，即继任者同时担任董事长和CEO/总裁/总经理，或者是仅仅担任上述一个职务，这意味着继任者在新任职企业中的权力水平的高低，也会影响到其推动高管团队调整以及战略行为变化的能力。此外，本文关注到的另一个问题是，当核心高管人员在行业内不同企业间进行配置的时候，一个直接结果是企业间的知识溢出，这样做的好处是有利于消除企业间壁垒，促进企业能力的提升。但不可否认的事实是，竞争对手之间几乎变得毫无秘密可言，战略趋同以及企业同质化也就不可避免。

一、文献回顾与理论建构

高管继任的研究大致可以划分为两个阶段，即继任过程与继任之后。具体来说，在继任过程中的研究主要涉及四个方面：（1）离任原因，或离任类型；（2）继任决策主体与决策过程；（3）继任者类型；（4）继任职位类型。而继任之后的焦点则主要集中在两个问题：（1）继任后的高管团队变化；（2）继任后公司战略内容及行为的变化（李新春、苏晓华，2001；柯江林、张必武和孙健敏，2007；Shen &

Cannella, 2002；朱红军, 2002）。在市场经济体制下，对继任决策主体的讨论往往会涉及股权结构与董事会，以及 CEO 与董事会之间权力的分布状态等。一个强有力的董事会能够较好地评价 CEO 和公司业绩，并有可能在业绩不佳的时候替换总经理（Comte & Mihal, 1990）。不过，也有观点认为，在很多情况下，董事会更像是"橡皮图章"，当董事和总经理意见出现不合的时候，更多的是董事们的辞职，而不是总经理的替换（Kesner & Sebora, 1994）。就转轨经济下的国有企业，尤其是那些中央直属企业而言，公司 CEO 的更迭往往并不完全是由董事会来决定的，这可以通过一些事例观察并证实，并导致缺少较为明显的公开资料支持。此外，为了研究的方便，本文也对上述诸多研究视角与领域进行了必要的整合，因而形成了本文如下的研究框架，即四个方面：离任、继任类型和继任者类型、继任后高管团队的变化、继任后公司战略内容和行为的变化等，在这个框架下研究离任与继任等与继任后高管团队变化以及战略内容和行为之间的内在逻辑联系，并就此展开相关的讨论。

（一）关于前任离任的讨论

关于前任离任大致可以划分三种类型：（1）没有人为因素涉及的不可避免的继任，即自然离任（Transition）；（2）高管自己选择离任，即主动辞职（Succession），（3）高管被董事会解除职务，即被动解职（Turnover）（李新春、苏晓华，2001；宋思根，2009），近年来的文献大多集中于对第一种类型离任和第三种类型离任的讨论，不过也有少数文献就主动辞职进行了一定的分析。

尽管普遍认为，大多数的核心高管离任往往都与企业绩效有关，但事实上的情况却并非如此。文希尔（Vancil, 1987）的研究发现，60% 的 CEO 离任行为都属于正常退休，而 80%～90% 的退休和离职都是在通常预期到的条件下发生的，康特和米哈尔（Comte & Mihal, 1996）等人的研究也支持了上述观点。这表明在高管离任事件中，可以归纳为自然离任的数量占相当高的比例，而自然离任基本上与企业绩效都没有什么关系。当然，关于自然离任也存在着不同的解释。第一，在任高管带领公司取得了令人满意的业绩，从而确保了其位置的稳固，并一直延续到退休。第二，尽管在任高管并没有让公司获得令人满意的业绩，但董事会并不会轻易地作出解聘的决定，这主要是因为董事会对高管在任时的业绩有一个较大的容忍度（李新春和苏晓华，2001）。这样的话，即便公司业绩水平并不没有达到预期，但也没有糟糕到各方都无法忍受的地步，这种容忍度令高管的任期较长，也减少了发生高管更换事件的可能性和频率。第三，在任高管即使没有取得令人满意的成绩，但很多时候高管可以用其他一些理由来为公司业绩不佳辩解，而这些理由能够成立，主要依赖于公司董事会的判断。当高管在治理结构中拥有较大权力的时候，董事会可能就会变为事实上的"橡皮图章"，失去了有效监督的功能和作用，高管被解雇的可能性也就随之降低（Allen & Panian, 1982；Weisbach, 1988；Ocasio,

1994)。在这种情况下,较大的权力可以帮助高管延长其任期,甚至能够直至退休。

高管被动解职通常被界定为在任高管并没有如期退休,或者连既定的任期都没有完成,就发生了离职行为。在这种情况下,直接的理由是企业绩效不佳,或者企业业绩没有达到预期的目标,而绩效不佳又往往被归结为高管的能力不足,或不能很好地与在任企业匹配。关于高管能力不足的一个主要解释是,经理能力会随着任期的延长和外部环境的变化而变得越来越不适应,其所制定的战略与外部环境之间的匹配程度,随着时间的推移而持续下降,最终导致其能力的衰减与公司绩效的持续下降(Ocasio, 1994)。另一个导致高管被动解职的原因是经理主义,当高管与董事会之间就公司未来发展蓝图、战略定位以及业务运营等方面存在不一致的时候,如果一方无法说服另一方,他们可能会产生矛盾与冲突。在代理框架下,高管有努力通过多元化来扩大公司规模的内在动机,尽管有些时候这种多元化未必会提高公司的盈利能力,但公司规模的扩大却可以令高管得到更高水平的薪酬。在这个多元化的过程中,股东的利益可能会受到某种程度的损害,而代表着股东利益的董事会很可能会与高管之间产生争议。当董事会与高管之间难以统一认识的时候,被动解职的事情就很可能会发生。还有可能造成被动解职的原因是政治斗争。

高管主动辞职的事件并不少见,但关于高管主动辞职的原因却往往难以进行更为准确地掌握,这也可能会造成一定程度的错误认识。例如,当高管可能要被解职的时候,为了避免可能的尴尬处境,他可能会选择主动辞职。不过,在辞职的时候,即将离任的高管可能会给出其他的解释,这样就可能令外界难以对实际离职原因进行准确的判断。

(二) 关于继任者类型和继任类型的讨论

当组织的前任高管离职后,其所面临的一个重要决策就是选择继任者以及关于继任者职位的安排。这里就可以划分为两个问题:第一个问题是从哪里选择继任者,按照继任者是否此前为本公司雇员,继任者通常被分为内部继任者和外部继任者,但奥卡西欧(Ocasio, 1994)依据前任是否能够安排继任者,进一步将内部继任者划分为挑战者和追随者;第二个问题则是继任职位的安排,此前关于这个问题的讨论并不多见,但继任职位恰恰对继任高管的权力以及其实现战略意图都有很大的影响。

1. 继任者类型

(1) 追随者继任。当CEO可以在公司内顺利退休的时候,往往会在公司治理结构中表现出相当大的权力。因而,退休的CEO对继任者筛选过程也会有非常大的影响力,大多数情况下董事会在确定此后的继任者都会充分考虑前任CEO的建议。在这种情况下的继任者大多会被认为是追随者继任,他们会保持公司的战略连续性，大多并不会贸然地推动组织变革。

（2）争夺者继任。组织中个体、团体和不同身份之间会因为地位和控制权而突然发生或重复发生一些斗争（White，1992），这是得到普遍认可的一种组织内现象。大多数公司治理文献都强调公司管理层（作为一个群体）与股东之间的利益冲突，认为外部董事承担着对管理层进行有效内部控制的责任。当公司业绩下滑时，CEO 的能力和整个高管团队都会陷入麻烦，主要理由是高管们担心失去职位，公司高管有强烈动机与 CEO 结盟，并捍卫他们的职位，这就形成了管理堑壕理论（Dalton & Kesner，1985）。尽管管理堑壕理论得到了实证支持，但其忽视了高管团队内部重要的利益冲突与竞争。高管人员之间利益冲突和竞争的一个主要原因就是他们对权力和职业发展的欲望。高管人员都有野心，他们有很高的权力需求和成就需求。当沿着公司层级向上发展的时候，他们期待成为 CEO 和自我演出的欲望也就更加强烈。与 CEO 头衔有关的声望和利益都对高管人员产生强烈的动机，担任CEO 后可以获得更多的声望和财富，令其对公司 CEO 的职位展开争夺，并参与到公司内部劳动力市场的权力争夺过程中（Lazear，1989）。此外，外部劳动力市场通常按照公司业绩情况对高管人员的价值进行估算，当公司面临困境时，高管人员的声望和价值在外部劳动力市场中也会出现问题（Fama，1980）。因此，高管人员会监督 CEO 领导能力的变化，当高管人员认为 CEO 已经不适应岗位要求的时候，他们就会采取行动来推翻 CEO。

（3）外部人继任。从外部选择人选的一个主要原因是公司内部没有合适的人选，外部人继任也是原高层管理团队失去对公司控制的信号。而外部继任者也期望着进行战略变革，不过其所处的组织情境与争夺者继任模式有很大的不同。由于外部继任者此前与公司高管之间并没有长期稳定的联系，又面临着对公司原有经营思路进行调整，因此继任者与高管团队成员之间的紧张就不可避免了。

2. 继任特征

由于本文关注主要高管，因而高管继任特征直接体现在总裁、CEO 或董事长的职位上。一般来说，管理层权力能够很好地解释继任特征对公司战略行为可能带来的影响。一般来说，代理框架下的管理层权力理论来自两个方面的支撑，第一是战略管理领域中的领导权理论（Finkelstein，1992），认为管理层权力包括四种类型：结构权力、所有权权力、专家权力和声望权力，经理可以利用所掌握的权力对公司的战略行为施加影响。例如，这种权力效应会体现在推荐独立董事人选或对独立董事的相关决策施加影响等方面（Daily & Dalton，1992；Lambert 等，1993；吴淑琨等，1998）。第二是经理自主权理论（Finkelstein & Boyd，1998），认为经理可以对企业经营业绩进行调整，达到影响其报酬水平的目的，主要体现盈余管理等因素上（Healy & Wahlen，1999；王克敏、王志超，2007）。上述两种理论被 Bubchuk等人（2002，2003）归纳为管理层权力，而在公司治理框架下两职合一就是反映管理层权力水平的一个重要变量。董事长与总经理的两职合一，必然意味着同时拥有这两个职位的人也会掌握着较大的领导权（Finkelstein，1992；Lambert et al.，1993；吴淑琨等，1998），这一点已经被普遍认可与接受，公众也把这个变量与领导权直接联系起来。也就是说，当继任高管仅仅担任一个职位的时候，其所拥有的权力水平大多数情况下都会低于同时拥有两个职位的情况。如果仅仅担任一个职位的话，其担任董事长职位所拥有的权力水平也与担任 CEO 或总裁职位存在着一定的差别。

（三）关于继任后高管团队变化的讨论

高管继任之后的高管团队变化，也是继任领域中一个极为重要的问题，这是因为公司正确战略决策的做出已经不仅仅是公司董事长或 CEO/总经理两个人的事情，而是需要依靠整个高管团队的知识（徐向艺、庞金勇，2008），至于企业的日常运营管理则更需要团队成员间的密切合作（Dooley & Fryxell，1999）。大多数情况下，高管继任之后都会使得高管团队发生一定的变化，自然也会对未来的战略决策以及战略行为等产生不可避免的影响。

（1）追随者继任后的高管人员离职。由于退休的 CEO 对继任者筛选过程有非常大的影响力，继任者会保持公司的战略连续性，大多数情况下不会推动组织变革，如果发生其他高管人员的离职，通常都可以理解为正常地退休，为了确保新任 CEO 和新的高层管理团队平稳和顺利的过渡。即使存在着其他情况，高管人员的离职也不太可能影响公司绩效。

（2）争夺者继任后的高管人员离职。争夺者的继任通常是以前任的被迫离职为前提的，一旦继任完成后，争夺者就必须要面临着扭转原来局面的紧迫任务。因而，他必然会对公司此前的战略决策和行为进行调整，甚至可能会做出非常大的变革举动。由于新任 CEO 要努力推动战略变革，原来的高管人员很可能面临离职。具体来说，新任 CEO 从董事会获得了支持，但也面临变革的巨大压力，必须要对高管团队的能力进行评估，重组高管团队以适应新的战略，那么从能力和忠诚度上都与前任 CEO 的战略要求相匹配的高管人员就要被解职。由于继任者为内部人，他们所掌握的公司特定知识可以帮助他们避免做出糟糕的人事任免决策，找到并提升那些可以帮助他们实现战略变革的人选。因此，这种继任模式对公司绩效有正效应。

（3）外部人继任后的高管人员离职。外部继任也期望着战略变革，但组织情境却与争夺者继任模式有很大的不同。从外部选择人选的一个主要原因是公司内部没有合适的人选，外部人继任也是原高层管理团队失去对公司控制的信号。因此，继任者与高管团队成员之间的紧张就不可避免了。外部人继任后高管人员的离职主要有两个原因：第一，继任者对高管团队进行重组；第二，高管人员对继任决策的失望或担心新任 CEO 解除他们的职务。与争夺者继任不同，在外部人继任情况下高管人员的离职对公司绩效会产生负效应，原因有二：第一，进一步增强了外部人继任带来的破坏。尽管外部人继任所带来的破坏是不可避免的，也有利于消除以往战略的影响，但高管团队的稳定性对公司运营还是有益的，外部继任者需要一定时间积累公司特定知识。外部继任后较高的高管人员离职率,特别是由于这些高管人员寻求更好的职业发展机会,将会导致外部继任者损失一些管理才能以及非常需要的转变时期。第二,与争夺继任者不同,外部继任者不熟悉公司的内部和外部环境,也不了解其他高管人员,在这种情况下,新任 CEO 在任职早期制定的高管人员任命的决策并不能很好地满足竞争环境的要求,一些高管人员的重要才能也会损失。实际上,这样的人事变动往往来自于变革的压力以及权力稳固的需要,而不是对战略变化和高管任职能力的评估。这样的动机会进一步破坏外部继任者有关高管人员任命决策上的质量。

(四)关于继任后战略变化的讨论

国内的学者对高管继任后的结果往往只局限于企业绩效上,这样做的好处是便于收集数据,进行定量分析会更容易些。国外学者则有人(Wiersema,1995;Sakano,Lewin,1999)关注高管继任后公司战略的改变,即并没有将简单地采用财务绩效指标,而是更倾向于采用战略绩效指标,毕竟高管继任后往往会首先推动企业战略的变化,进而才可能反映在企业的财务绩效上。如果财务绩效指标的时间窗口选择得不合适的话,可能会造成研究结论上的误差。

高管继任带来的一个结果是将新的认知模式引入高管团队中,令组织可能更好地适应不断变化的外部环境,其内在的作用机理见图 1(Wiersema,1995)。当然,自然离职所导致的有计划继任难以实现上述影响,这是因为继任者往往在在任高管离任前数年就已经被选择出来(Vancil,1987),他们也逐渐进入角色,进而更加遵从与前任所采取的战略选择(Van Maanen & Schein,1979)。因此,当他们继任后,几乎不会对公司的战略方向做出任何变化(Fondas & Wiersema,1994)。在图 1 所表示的作用机理中,高管继任最终会影响到从 SBU 撤资、减少对核心业务的依赖以及开拓新的核心业务,也就是说,公司的战略重点会从此前的某些业务向其他业务上调整,也必然会导致某些 SBU 在公司中的重要性随之下降,其他一些 SBU 对组织的贡献则得到增强。为了反映公司业务重点的变化,多数研究都采用了多元化程度和水平作为衡量指标(Wiersema,1995;Sakano,Lewin,1999)。

图 1 高管继任与公司重组的作用机理模型(Wiersema,1995)

（五）理论建构

将高管离任一直到企业战略变化的先后逻辑加以梳理的话，就可以将离任类型、继任者类型、继任特征、继任后的高管团队变化整合起来，并最终反映到企业战略变化上，形成了一条完整的作用路径（见图2）。也就是说，这里主要体现为四组逻辑关系，具体阐述如下：

第一，高管离职与高管继任者之间的关系。尽管高管离职未必会对何种类型的继任者产生直接影响，但一个显见的事实是，当前任高管被动解职的时候，他们往往难以对继任高管产生比较明显的影响。而对于那些自然离职的高管而言，他们通常会对此后的继任有一定的安排。因此，高管离职与高管继任者类型之间存在着一定的联系，这种实际上的联系会对此后的高管团队调整以及战略变化产生某种程度的影响。

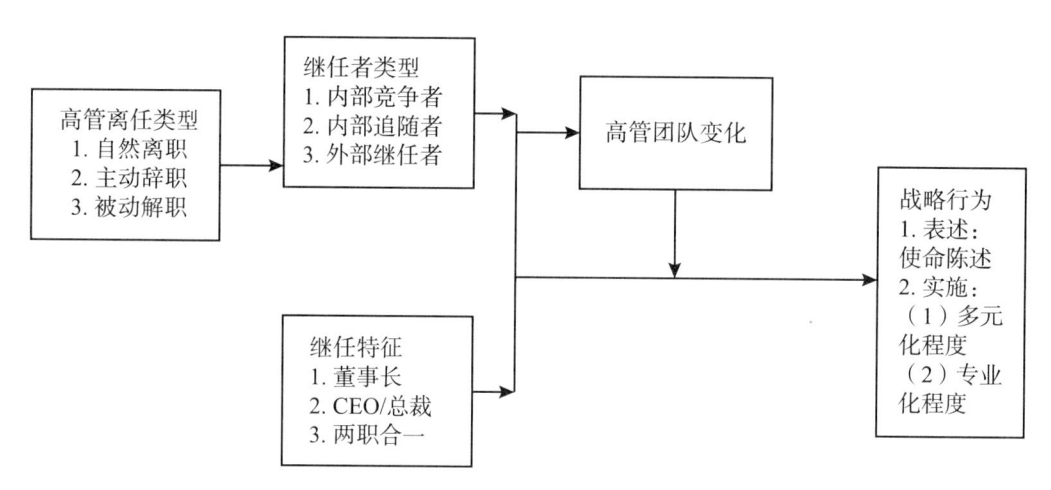

图2　高管离任与战略变化的作用路径

第二，高管继任类型和继任者特征与高管团队变化之间的关系。由于继任高管可能存在着不同的身份，他们任职之后需要采取不同的应对策略，作出一定的变革或提升企业绩效，以尽快完成过渡期，确保能够得到董事会的认可并实现地位的稳固。此外，由于继任高管所担任职务的不同，他们在公司治理结构下所拥有的权力也会存在着明显的差异，这些都影响到他们对高管团队进行调整的能力。因此，不同的高管继任类型以及继任者特征，很可能会产生不同的高管团队变化结果，势必会影响到今后高管团队的决策能力和战略实施能力。

第三，高管继任类型和继任者特征与公司战略行为之间的关系。由于继任者类型的不同以及继任后担任职务的差别，都会影响到他们对公司原有战略行为的调整。一般来说，内部追随者更倾向于沿用此前的战略行为，而内部竞争者以及外部继任者都会对原有的战略行为进行较大的调整。而继任后担任的职务越重要，或者拥有更大的权力，他们对公司原有战略行为调整的可能性也相应增加，而继任后的高管权力受到较大约束的时候，他们也难以对原有战略行为进行比较大的改变。因而，高管继任类型以及继任者特征都会与公司战略行为的变化之间存在着较为明显的影响。

第四，高管继任类型、继任者特征与高管团队变化以及战略行为之间的关系。在上述高管继任类型以及继任者特征与公司战略行为变化之间的关系中，高管团队的变化可能会起到一定程度上的调节作用。毕竟，高管团队在战略决策以及战略实施的过程中都会发挥非常大的作用，当高管团队发生变化的时候，其对战略行为调整所发挥的作用能也可能会随之改变，这就会影响到高管继任类型和继任者特征与战略行为之间的关系。

当高管离职以及继任与战略行为之间的关系拓展到中国的国有企业时，由于中国的国有企业具有较为明显的转轨经济特征，无论是在高管离任以及继任特征和继任者类型上，都表现为较强的独特性，进而可能会形成上述路径中不同的作用机理，这是本文所要着重研究的内容，也是本文的重要创新点。

二、研究方法与案例背景

（一）研究方法与数据收集

1. 研究方法

本研究采用案例研究方法。案例研究方法是战略管理学研究的基本方法之一，也是管理理论创建的重要研究方法之一。在中国情境的战略管理研究中，西方现有的理论体系并不能完全照搬过来指导中国企业的管理，因此，使用案例研究方法对中国本土研究的理论创建具有重要意义。

2. 数据收集和整理过程

为了确保研究的信度和效度，本研究在数据收集、数据分析等环节都遵循了案例研究常见信息来源的界定，即文献、档案记录、访谈、直接观察、参与性观察和实物证据。不过，限于本文研究过程的局限，无法实现不同证据来源的资料三角形验证，只好试图通过其他类型的证据三角形来达到资料彼此验证的目的。本文采用了收集文献的方法，在采用这个信息来源的过程中力图扩展文献渠道的多样性，以及文献发布主体的多元化，力求达到构建完整地数据链的目标，符合证据相互印证性要求。(1) 学术文献。对案例企业的现有研究，本文主要从中国学术期刊网和中国博硕士论文库中检索了收录的文献，并对收集到的资料进行了整理；(2) 年报。本文作者从中国香港联交所的网站及上海证券交易所的网站上,获得本文所研究的中国移动、中国联通以及中国电信三家公司发布的 2003 年到 2010 年的年报,并从年报中提取财务数据、高管变动信息以及公司战略方面的描述等;(3)公开发布资料。本文作者还检索了以上三家公司的主页,并查阅了该公司关于战略使命陈述的内容以及其他一些有关战略行为的表述;(4)媒体资料。从公开媒体上收集公开发布有关案例企业的各种数据和材料,包括网络媒体和报纸媒体等信息渠道,并对来自不同渠道的资料进行了相互验证。

(二)案例企业背景

1. 选择原因

本文选取了中国电信行业的三家运营商,即中国移动、中国电信和中国联通。之所以选择电信业为研究对象,一个主要原因就是,尽管对潜在进入者而言仍然存在着较为明显的限制条件,但经过多年的发展,我国电信行业已经具有明显的市场经济特征,行业中的三大运营商之间出现了较为激烈的市场竞争。无论是在 2G 业务以及 3G 业务上,这些运营商都采取了不同的战略,这为研究样本企业的战略行为内容以及变化提供了必要的支持。此外,通过此前对中国中央直属企业高管离任数据的检索和整理,发现电信业的更迭事件和继任事件的数量较多,具有较为重要的研究意义和价值。

2. 案例企业的基本情况与变迁历程

(1)中国移动。

中国移动通信集团公司(简称"中国移动")成立于 2000 年 4 月 20 日,注册资本 518 亿元人民币,拥有全球第一的网络和客户规模。中国移动全资拥有中国移动(香港)集团有限公司,由其控股的中国移动有限公司在国内 31 个省(自治区、直辖市)和香港特别行政区设立全资子公司,并于 1997 年 10 月 22 日和 23 日分别在纽约证交所和香港联交所上市。

中国移动主要经营移动话音、数据、IP 电话和多媒体业务,并具有计算机互联网国际联网单位经营权和国际出入口局业务经营权。除提供基本话音业务外,还提供传真、数据、IP 电话等多种增值业务,拥有"全球通"、"神州行"、"动感地带"等著名客户品牌。截至到 2010 年年底,中国移动的基站总数超过 60 万个,客户总数超过 6 亿户[①]。

(2)中国联通。

中国联合网络通信集团有限公司(简称"中国联通")是 2009 年 1 月 6 日经

---

① 资料来源:http://www.10086.cn/aboutus/intro/。

国务院批准在原中国网通和原中国联通的基础上合并成立的国有控股的特大型电信企业。中国联通在国内31个省（自治区、直辖市）和境外多个国家和地区设有分支机构，中国联通是中国唯一一家在中国香港、纽约、上海三地上市的电信运营企业。截至2008年年底，资产规模达到5266.6亿元人民币，员工总数46.3万人。

2008年5月23日，中国联通分拆双网，其中CDMA网络并入中国电信，从2008年10月1日正式开始分拆，133和153号段正式并入中国电信，联通停止CDMA业务，保留GSM网络与中国网通组成新的联通集团。2008年10月1日，CDMA网络正式移交中国电信运营。2008年10月15日，中国联通、中国网通集团公司正式合并。中国联通拥有覆盖全国、通达世界的现代通信网络，主要经营业务包括：固定通信，移动通信，国内、国际通信设施服务，卫星国际专线、数据通信、网络接入和各类电信增值业务，与通信信息相关的系统集成等。2009年1月7日，中国联通获得了WCDMA制式的3G牌照[①]。

（3）中国电信。

中国电信集团公司（简称"中国电信"）是我国特大型国有通信企业，主要经营业务包括：固定电话、移动通信、卫星通信、互联网接入及应用等综合信息服务。截至2009年年底，拥有固定电话用户1.94亿户，移动电话用户（CDMA）6236万户，宽带用户6174万户；集团公司总资产6322亿元，人员67万人（见图3）。

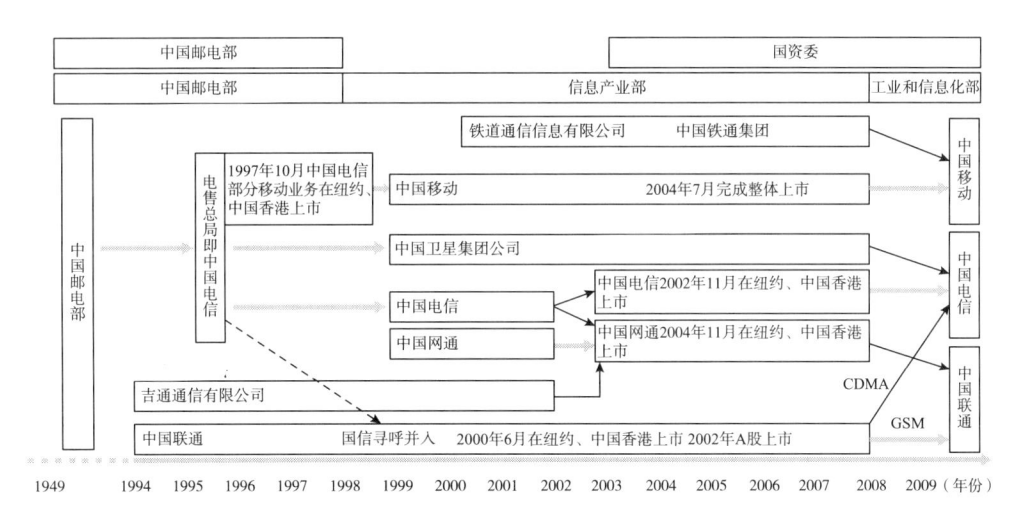

图3　1949～2009年中国电信业发展历程（产业主体和产业治理主体角度）

资料来源：林润辉，范建红，赵阳，张红娟，侯如靖，2010，公司治理环境_治理行为与治理绩效的关系研究_基于中国电信产业演进的证据 [J]，南开管理评论，13（6）：138－148。

中国电信集团公司在全国31个省（区、市）和美洲、欧洲、中国香港、中国澳门等地设有分支机构，拥有覆盖全国城乡、通达世界各地的通信信息服务网络，

---

① 资料来源：http://www.chinaunicom.cn/about/qygk/jtjs/index.html.

建成了全球规模最大、国内商用最早、覆盖最广的 CDMA 3G 网络，具备电信全业务、多产品融合的服务能力和渠道体系。公司下属"中国电信股份有限公司"和"中国通信服务股份有限公司"两大控股上市公司，形成了主业和辅业双股份的运营架构，中国电信股份有限公司于 2002 年在香港、纽约上市，中国通信服务股份有限公司于 2006 年在香港上市。中国电信自 2004 年提出由传统基础网络运营商向综合信息服务提供商转型以来，通过大力发展综合信息服务等非语音业务，强化精确管理，优化资源配置，保持了企业持续稳定健康发展。特别是 2008 年历经电信体制改革、获得移动业务牌照，2009 年获得 3G 业务牌照①。

三、案例分析与讨论：调任与调任后变化

（一）离职类型、继任者类型与继任特征

三家电信企业在 2001~2009 年间，一共发生了 7 起核心高管离职事件，其中中国联通为 3 起，中国电信为 3 起，中国移动为 1 起，具体情况见表 1。对三家企业的离职情况整理分析后发现，在所发生的 7 起高管离职事件中，只有 2 起属于第一种离职类型，即自然离职。而其他 5 起离职事件则不能与本文此前所界定高管离职类型相对应，既不属于主动辞职，也不属于被动解职。从具体情况分析看，由于这三家企业都是中央直属企业，由国资委行使大股东的权力，对三家企业的主要高管进行了必要的调整，而这种调整主要体现为交叉任职，即将 A 企业的高管调任到 B 企业。因此，本文就这种高管离职给出了一个新的类型，即调任。

表 1　　　　　　　　　离职类型统计表

年份	公司名称	高管姓名	离职职位	离职类型
2003	中国联通	杨贤足	董事长	退休（2004 年担任了一年董事）
2004	中国联通	王建宙	董事长/总裁	调任
2004	中国电信	周德强	董事长/CEO	退休
2004	中国电信	常小兵	总裁	调任
2004	中国移动	王晓初	董事长/CEO	调任
2009	中国联通	尚冰	总裁	调任
2009	中国电信	冷荣泉	总裁	调任

资料来源：作者依据上市公司年报所披露信息及公开发布信息整理而得。

---

① 资料来源：http://www.chinatelecom.com.cn/corp/01/index.html。

与此前所界定的三种离职类型不同的是,调任属于大股东行使权力的一种体现,主要是具有绝对控制权的大股东将高管从一家控股子公司调任到另一家控股子公司中。由于代为行使权力的大股东是作为政府部门的国资委,因而这种离职方式具有明显的行政性任命色彩。首先,这种调任行为不属于主动辞职的范畴,并不是所涉及的高管人员所主动采取的行为,而是按照大股东的意志进行的职务变动。其次,这种调任行为与被动解职也有明显的不同,尽管也是来自于控股股东通过董事会所主动采取的行为,但其解职原因却并非业绩不佳,或者经营思路与公司董事会存在明显的冲突。综合而言,发生在2004年的三家企业高管离职行为,与传统意义上的高管离职类型界定有很大的区别,其内在的机理以及对企业的后续影响也值得深入剖析(见表2)。

表2　　　　　　　　　　继任类型和继任者类型统计表

年份	公司名称	高管姓名	继任类型	继任者类型	原任职公司
2003	中国联通	王建宙	董事长	内部继任	—
2004	中国联通	常小兵	董事长	外部继任	中国电信
2004	中国联通	尚冰	总裁	内部继任	—
2004	中国电信	王晓初	董事长/CEO	外部继任	中国移动
2004	中国电信	冷荣泉	总裁	外部继任	中国网通
2004	中国移动	王建宙	董事长/CEO	外部继任	中国联通
2009	中国联通	陆益民	总裁	内部继任	—
2009	中国电信	尚冰	总裁	外部继任	中国联通

资料来源:作者依据上市公司年报所披露信息及公开发布信息整理而得。

三家电信企业在2001年到2009年间,一共发生了8起核心高管继任事件,其中中国联通有4起,中国电信有3起,中国移动有1起,具体情况见表2。对三家企业的继任事件整理之后发现,属于内部继任的一共有3起,具体为2003年,中国联通前任董事长退休,在任总裁王建宙担任董事长,并保留原总裁职务。2004年,中国联通前任董事长/总裁王建宙离职后,原副总裁尚冰接任总裁职务。2009年,中国联通前任总裁尚冰离职后,原副总裁陆益民接任总裁职务。按照此前对继任者类型的定义,当前任高管没有正常退休或没有完成既有任期的时候,所发生的内部继任就可以被认为是挑战者继任,其他的内部继任则是追随者继任。从以上3起内部继任事件看,2003年的内部继任事件发生在前任正常退休后,应属于追随者继任。而此后的两起继任事件,两位前任都没有在所任职企业中正常退休,从这个条件看的话应属于挑战者继任。但从其调任的情况看,很难判定是否被迫离开,又与挑战者继任的定义有所不同。因而,究竟该如何判定后两起内部继任的类型,根据其他相关资料来看,2004年常小兵调任后,担任中国联通的董事长一职,相对而言,在公司治理架构下从经营层进入到决策层,但并没有如同时发生调任的王建宙一样同时担任董事长和总裁,这也表明其并没有得到更为充分的权力,故难以对其调任究竟更符合被动解职还是主动辞职难以加以判断。而2009年陆益民继任尚冰担任中国联通的总裁一职,尚冰从中国联通离职,并到中国电信继任冷荣泉,不过仍然是总裁一职,并没有明显职务上的变化。其中的一个猜测是随着中国联通原有的CDMA业务并入到中国电信之后,对移动通信业务的丰富经验令尚冰得以进入到中国电信,可以说具有一定程度的主动辞职特征。因此,尽管按照对继任者类型的定义,这次继任事件应符合挑战者继任,但从以上分析来看,也具有较为明显的追随者继任特征。其他5起高管继任事件都是外部继任,即都属于外部继任者,并没有进行分类的必要,在此就不过多分析了。

继任类型主要描述了继任者就任后所担任职务的情况,这可以很好地反映出该继任者在所任职企业中掌握权力水平的高低,进而会影响到其实施战略意图和进行战略调整的能力。从表2所列出的8起继任事件看,大致可以划分为三类:第一,内部继任。2003年,王建宙继任公司董事长的职务,同时担任公司总裁职务,实现了两职合一。而2004年尚冰的继任以及2009年陆益民的继任都是从原来的副总裁职务提升为总裁,并未达到两职合一,其权力也必然会受到一定的制约。第二,外部继任Ⅰ。2004年王晓初入职中国电信以及王建宙入职中国移动,都同时担任了所任职企业的董事长和CEO,实现了高度的两职合一,这意味着上述两起继任事件中,继任者都掌握了相当大的权力,这为下一步实施其战略意图奠定了良好的基础。第三,外部继任Ⅱ。2004年常小兵入职中国联通,仅担任董事长一职,而该公司当时未设立CEO的职位,并没有实现董事长与CEO的两职合一。同年冷荣泉继任中国电信的总裁一职以及2009年尚冰继任中国电信的总裁一职,都是仅担任总裁职务,尽管他们都进入了董事会并成为执行董事,但与高度的两职合一仍然存在着较大差距。这可能会在某种程度上影响其在公司中的影响力,以及推行战略变革的能力。

对以上离职事件和继任事件综合分析后可以发现,不可忽视的一个事实是,上述事件与本文此前给出的离职类型以及继任者类型都或多或少地存在着差异。那么,该如何更加深刻地理解上述离职行为以及继任安排呢?这里需要考虑的是一种东亚经济体所普遍存在的现象,即一家控股股东可能会同时控制着多家子公司,尽管在西方国家也存在着同样的情况,但在东亚经济体内这些关联企业之间的交易行为要更为频繁和复杂,在这里可以将电信行业的三家企业也视同为同一控股股东所控制下的三家关联企业。在成熟的市场经济体制下,当一家公司的控股股东或董事会考虑要更换高管的时候,往往会从企业利益最大化的角度出发,来衡量更换高管对企业的影响。不过,在一家控股股东控制多家子公司的情况下,这些下属企业的高管离职与继任,在很多时候就成为控股股东进行综合考虑的一个重要手段。特别是当国资委作为政府部门还担负着行政管理职责的时候,其决策依据就要复杂得多。其中一个很重要的因素就是,其不仅要考虑企业自身的发展,还要重视电信企业作为国有企业所担负的社会责任,同时还要尽力保持三家电信企业能够良性竞争的格局，某个电信企业的长期经营不善并不是国资委所愿意看到的局面。

这些年电信行业内部持续进行重组，不同电信企业最初的资源配置以及业务范围都会有较大的差异，这些都对企业此后的战略演进以及经营绩效产生了很大的影响。一旦市场优胜劣汰机制发挥作用的话，个别电信企业就有可能会面临倒闭或者被兼并的命运。作为大股东的国资委希望通过扶助相对落后的企业，可以推动行业的竞争水平，避免造成一家独大或者是垄断效应。从这个视角出发，国资委从行业发展的角度对不同企业高级管理人才进行行业内的调整和配置就不可避免了。

置于这样的背景下对电信行业的离职行为以及继任事件进行分析的话，集中发生于2004年的诸多调任与外部继任就能够被合理解释了。不过，出于以上动机的核心高管离职以及核心高管继任对这些高管以及相关企业而言，可能会产生某些难以估测的结果。

从本文所关注的中国电信行业案例来看，发生在这些企业里的核心高管人员调任行为突出表现为如下几个特征：第一，调任行为导致核心高管人员离职和任职在某种程度上的偶然性。成熟市场经济中的大型企业往往会非常重视核心高管人员可能发生的离职行为，毕竟一旦发生离职，很可能会对企业带来巨大的商业风险。因而，为了很好地应对可能发生的核心高管人员离职行为，公司会努力降低核心高管人员因被公司解职而造成的损失和风险，即提供因主动解聘而支付的高额离职补偿金；提供丰厚的股票期权，鼓励核心高管人员为企业长期服务；此外还会与核心高管人员签署竞业禁止协议，防止他们直接跳槽到竞争对手那里，导致企业的核心机密为竞争对手所掌握。转轨经济中国有企业在某些行业仍然扮演者非常重要的角色，其国有身份使得这些国有企业高管人员的离职和任命都有着较为明显的行政色彩，而这种行政性色彩增加了核心高管人员更迭的偶然性，使得企业难以预先采取必要的防范措施，防止战略机密外泄以及核心知识的溢出。

第二，行业内主要企业的核心高管人员更迭表现为较为明显的同步性。2004年，中国电信行业的三家企业——中国移动、中国联通以及中国电信同时进行了核心高管人员的离职与任命，全行业主要企业核心高管人员更迭的同步性与调任行为往往是相互匹配的。毕竟，按照国有企业高管人员的行政性身份来说，他们大多数情况下会得到符合身份与级别的职位安排，在未发生包括退休等自然离职在内的情况下，同步性调整为这种具有行政性特征的安排提供了可能性。当然，这种同步性调整究竟会对企业产生什么样的影响，还是一个值得深入讨论的主题，有必要在今后的进一步研究中加以探讨。

第三，不同竞争对手之间的核心高管人员发生交叉任职。一般来说，在成熟的市场经济下，高管人员甚至是核心高管人员的离职现象并不少见，但作为直接竞争对手的企业间很难会出现核心高管人员相互流动的局面，这种情况一旦发生，如果没有采取有效预防措施的话，将意味着原任职企业的战略机密将完全呈现在竞争对手面前。由于中国移动、中国联通和中国电信三家企业都是央直企业，故国资委有权力代表大股东进行相应的人员安排，国有企业之间的核心高管人员相互调任，分别从原任职企业离职,到竞争对手那里任职。那么,这种形式是否也存在于央直企业占据主要地位的行业中呢?本文进行了进一步拓展,分别对航空、石油等行业中历年核心高管更迭的情况进行了整理,结果发现在航空业中也存在着这种现象(见表3),如2002年李丰华从南方航空调任东方航空以及2~9年刘绍勇从南方航空调任到东方航空,而石油业则没有交叉调任的现象。不过,这两个行业还有一个值得关注的现象,即从国有企业到政府部门任职或者从政府部门到国有企业任职,这样的调任会对企业战略产生什么影响,本文将在后面进行分析。

表3　　　　　　　航空业和石油业国有企业高管外部继任统计表

年份	公司名称	高管姓名	继任类型	原任职公司或单位
2000	东方航空	刘绍勇	总经理	国家民航总局
2001	东方航空	叶毅干	董事长兼总裁	民航华东管理局
2002	东方航空	李丰华	总经理兼副总裁	南方航空
2004	南方航空	刘绍勇	董事长	民航总局
2007	中石化	苏树林	董事长	辽宁省委
2008	中国国际航空	孔栋	董事长	中航集团
2009	东方航空	刘绍勇	董事长	南方航空

资料来源:作者依据上市公司年报所披露信息及公开发布信息整理而得。

(二) 高管团队变化与战略行为调整

1. 继任后的高管团队变化

由于本文所研究的高管离职与继任事件中,王建宙于2003年继任后很快就离开了中国移动,并不具有符合本文意义的研究价值。此外,发生于2009年的离职与继任事件,由于发生时间距离目前相对较短,难以体现在所任职企业的高管团队以及战略行为的变化上。因而,本文将主要研究集中发生于2004年的高管离职和继任事件,并寻找这些事件与企业高管团队、战略行为之间的关系。

对资料进行整理之后发现,中国联通于2004年发生离职与继任事件后,随着常小兵担任中国联通的董事长,以及尚冰担任中国联通的总裁,在随后的两年中,公司的高管人员没有发生任何变化,这可以从中国联通公布的2004年和2005年年报中直接观察到。而中国电信以及中国移动的高管团队都在2004年之后的两年间发生了一定的变化,具体情况整理如下(见表4)。其中,中国电信在2004年董事长和总裁变更后,于2004年增加了两名高管,分别是杨杰和孙康敏。杨杰为43岁,担任中国电信的执行董事兼执行副总裁,孙康敏为48岁,担任中国电信的执行董事兼执行副总裁。2005年,尽管高管团队并没有发生变化,但中国电信的监事会发生了巨大的变化,在监事会主席没有发生变动的同时,其他监事会成员都进行了更换。中国移动在2004年董事长和CEO变更后,2004年增加了两名高管,分别是张晨霜和李默芳。张晨霜为53岁,担任中国移动的执行董事兼副总经理,李默芳为59岁,担任中国移动的执行董事、副总经理兼总工程师。2005年则有两位高管和一位董事发生了变化,并增加了三位高管。具体为,沙跃家为48岁,刘爱力为42岁,辛凡非为49岁,此三人都担任中国移动的执行董事兼副总经理。

表4　　　　　　　　　　　　　　高管层变动情况统计表

年份	公司名称	姓名	年龄	职位	类型
2004	中国电信	杨杰	43	执行董事兼执行副总裁	任职
2004	中国电信	孙康敏	48	执行董事兼执行副总裁	任职
2005	中国电信	王焕慧	61	职工代表监事	离职
2005	中国电信	谢颂光	57	监事	离职
2005	中国电信	李井	40	监事	离职
2005	中国电信	李建	44	监事	任职
2005	中国电信	徐蔡燎	42	监事	任职
2005	中国电信	马玉柱	52	监事	任职
2004	中国移动	张晨霜	53	执行董事兼副总经理	任职
2004	中国移动	李默芳	59	执行董事、副总经理兼总工程师	任职
2005	中国移动	李默芳	60	执行董事、副总经理兼总工程师	离职
2005	中国移动	何宁	44	执行董事兼副总经理	离职
2005	中国移动	李刚	49	执行董事	离职
2005	中国移动	沙跃家	48	执行董事兼副总经理	任职
2005	中国移动	刘爱力	42	执行董事兼副总经理	任职
2005	中国移动	辛凡非	49	执行董事兼副总经理	任职

资料来源:作者依据上市公司年报所披露信息及公开发布信息整理而得。

如果将继任类型与高管变动放在一起分析的话,可以观察到的一个有趣事实是,中国电信和中国移动的外部继任者都同时担任了所任职企业的董事长和CEO,也就是说实现了高度的两职合一,这是其拥有巨大权力的一个重要标志。而且,这两家企业也出现了明显的高管以及董事会或监事会成员变动的现象。作为对比的是,常小兵作为外部继任者,仅仅担任了中国联通的董事长,这与另两家企业有很大不同,而且总裁还是由内部继任产生的。可以说,新任总裁作为内部继任者,其对中国联通原有战略思路以及运营模式的熟悉程度很可能会限制董事长对公司高管进行调整以及实施战略变革的权力,这也直接反映在2004年和2005年间中国联通的高管团队没有发生任何变化上。

2. 继任后的组织承诺与战略行为变化

本文对企业战略行为进行分析主要采用两个思路,第一是企业的战略表述,即企业对其战略意图和举措的公开说明；第二则是战略结果，可以采用主营业务在总收入中的比例来观察公司实施多元化战略的程度。

首先，研究公司战略表述可以采用两种方法，一种方法是直接比较前后战略表述的差异，这是一种简单的方法，当然也会存在较为明显的主观性。另一种方法则是利用采用使命陈述分析工具，对企业战略从不同维度加以剖析。这里的一个重要前提是，企业公开的有关使命陈述方面的信息都如实反映了企业的意图，并与企业的战略行为相一致。

下面将利用使命陈述的分析工具对三家电信企业的战略加以整理，以对它们的战略内容和差异加以比较分析。按照德鲁克的观点，使命陈述就是要回答一些对每个组织而言相当简单却非常基本的问题，如我们为什么存在？我们的目的是什么？我们要做什么？当这些问题得到正确回答后，一项使命陈述就可以抓住一个组织独一无二且持久的目的（Ireland & Hitt，1992）。使命陈述的内容中包含的要素可以表明公司的战略意图与倾向，当前普遍被采用的划分方式就是九要素分析法（David，1989；邵剑兵等，2008）。具体研究过程是，对三家电信企业与战略使命陈述相关的材料加以全面综合分析后，采用德尔斐法，由企业管理专业的两位教师和三位研究生进行评判，如此反复三轮之后，形成了比较一致的意见。最后由五位作者进行深入研讨，最终形成了对各家公司在使命陈述方面的判断。

将上述两种方法的结果整合在一起，可以对三家电信企业发生离职和继任后的战略变化进行具体分析。

（1）中国联通。从中国联通的年报中可以看出，2003年其经营方针是"移动为主、综合发展；两网协调，差异经营；效益领先，做大做强"。针对2004年，中国联通提出的发展战略是，GSM和CDMA要利用各自的优势，实现差异化发展。同时进行技术与业务创新，适时推出双模系统。细分客户市场，更好地提供差异化服务。针对2005年，中国联通提出的经营方针是"坚持开拓创新，坚持市场导向，强化管理执行，加快有效发展"。具体提出的战略是，加快CDMA业务的发展，培育CDMA产业链，解决该业务发展的瓶颈，同时稳健发展GSM业务；高度重视移动增值业务，进一步发挥综合业务优势；建立以市场为导向的经营业务服务体系，有效实施市场营销策略；严格资费管理，加强营销费用控制等。通过以上比较可以发现，中国联通坚持了以往的专业化战略，更强调核心业务的持续发展，主要举措是核心业务中的产品差异化以及通过完善内部管理来提高经济效益（见表5）。

表5　　　　　　　　　更迭前后的战略使命陈述差异比较

内容	中国联通		中国电信		中国移动	
	更迭前	更迭后	更迭前	更迭后	更迭前	更迭后
顾客	√	√	√	√		
产品或服务	√			√	√	√
市场		√	√	√		√

续表

内容	中国联通		中国电信		中国移动	
	更迭前	更迭后	更迭前	更迭后	更迭前	更迭后
技术						
关注生存				√		
公司哲学			√	.		√
自我认知		√	√		√	√
对公众形象的关心				√		
对员工的关心	√					

从财务数据上看，中国联通的主要业务就是移动电话业务，2003年到2005年间得到了进一步增强，在营业收入中所占比例从89.97%增长到95.77%。这表明中国联通更专注于其核心业务，集中化程度愈加明显，专业化战略也得到了验证。

（2）中国电信。2003年的董事长报告中，该公司提出继续坚持以往的战略内容，这表明公司坚持一贯的发展思路。2004年的董事长报告中，中国电信提出要进行重大战略转型，从传统基础网络运营商向现代综合信息服务商方向转型。具体而言，进入移动通信业务，加强与上下游厂商的合作，实现协同共赢。同时，强化内部管理，提高运营的经济效益。从上述内容可以发现，自2004年发生高管离职与外部继任后，公司的战略不可避免地发生了重大变化。这也反映在公司战略使命陈述的变化中。归纳起来，战略变化主要表现为，公司对自身定位进行了重大的变更，与此同时更加重视产品与服务，更关注企业在公众心目中的形象。因此，从战略内容比较看，中国电信在谋求战略转型，特别是要加强其他业务在公司收入中的比例，从而开拓出新的利润增长点，降低对以往核心业务的依赖。

从财务数据上看，中国电信的传统业务在营业收入中并没有明显的变化，这表明中国电信尽管提出了转型的战略目标，但毕竟是一项艰苦和长期的任务，无法短期就体现在公司的财务数据上。不过值得关注的是，中国电信的增值业务还是有了比较明显的增长，2003年到2005年的三年，实现了从无到有的巨大跨越，到2005年已经占公司营业收入的5.89%，并成为企业新的利润增长点。这说明，中国电信的战略转型正在朝着既定的目标发展。

（3）中国移动。2003年的董事长报告中，中国移动提出要在2004年进一步整合品牌，不断提高质量和用户满意度。在产品和业务上，提出积极尝试用户终端定制，拓展新业务，培育新的收入增长点。而在2004年的董事长报告中，中国移动提出将利用巨大的规模优势，继续实施差异化营销策略；保持核心业务持续增长的基础上，重视创新与推广；增强持续发展能力，实现企业价值最大化。尽管上述内容都是公司对未来一年的战略规划，但也反映了公司在较长一段时间对自身的认知以及战略意图。从以上内容可以发现，随着离职与继任事件发生后，中国移动的战略变化主要表现为三个方面：从品牌整合向差异化方向发展，业务创新的重点发生了偏移,更加强调公司经营哲学。上述这些变化这也在公司的战略使命陈述中得以体现。因而,中国移动的战略变化可以理解为,从传统的专业化战略向混合型战略过渡,既要继续发展原有的核心业务,即坚持专业化战略;也要努力拓展新的业务,从而降低对传统核心业务的依赖,这在一定程度上符合多元化战略。

从财务数据上观察,2003年中国移动的营业收入中,来自于新业务的贡献仅占10.22%,到2005年该项业务已经达到营业收入的20.65%。尽管与通话费和月租费对中国移动的贡献相比仍然相差较大,但已经取得了巨大的发展。这意味着中国移动的业务更趋向于多元化,传统业务的比重正在逐渐呈现出明显的下降趋势,其多元化战略得到了有效的体现。

综合起来看,2004年发生核心高管发生调任行为后,上述三家公司都表现出一定的战略变化,且都呈现出业务多元化的趋势,即从此前的战略向多元化战略转移。这是当时中国电信行业转型与发展的必然要求,也无法否认核心高管人员调任对这种战略变化的作用。毕竟,一家公司在核心高管人员及高管团队不发生明显变化的情况下,要实现战略的重大转型往往是一件非常困难的事情。不过,值得关注的是,上述调任行为在推动三家企业展开战略变革的同时,三家企业所推出的新战略却表现出明显的趋同性,这一点从组织承诺和业务收入比重等两个维度都可以较为清晰地反映出来。

四、案例进一步讨论:高管调任与战略行为之间的作用机理

结合核心高管离职、继任以及战略行为的变化可以发现,2004年中国电信和中国移动发生高管离职及外部继任后,都出现了明显的战略变化,中国电信从专业化战略向多元化战略转变,而中国移动则从专业化战略向混合型战略转变。基于本文所构建的研究框架可以发现,发生在企业间的核心高管人员调任行为作为转轨经济中的一种现象,对企业战略行为具有十分显见的影响,直接导致了不同企业间的知识溢出与战略趋同,主要体现在如下几个方面。

(一)调任特征与战略变革

调任特征影响继任核心高管推行战略变革的能力。高管离职、继任与战略之间的关系始终是战略领域一个重要主题。尽管难以直接将调任与某种离职类型或继任类型相对应,也无法将已有的理论框架和分析逻辑直接套用在调任上,但可以从高管调任前其所任职公司的业绩以及调任后所担任的职务来识别该核心高管的调任特征,进而对其实施战略变革的能力加以判断。

一般来说,高管人员调任可能存在着三种原因,第一,担任公司核心高管时,

所任职企业业绩不佳，但经营不善的原因不能完全归结到该核心高管的身上。由于其以前在该企业或其他企业曾有过不错的业绩，换一个地方可能就会有完全不同的表现，因而能够获得调任的机会。这种调任类型和被动解职类似，界定为调任类型1；第二，该核心高管作为重要的"救火队员"，因其在原任职企业有非常良好的表现，故上级主管部门希望可以发挥其企业家精神和经营才能来提升继任企业的业绩。这种类型和外部继任类似，界定为调任类型2。发生调任类型2的情形下，该核心高管继任后往往会得到较好的制度安排，拥有较大的权力，有利于其推行战略变革。不过，就其原任职企业而言，上级主管部门考虑到企业战略决策与经营运营的连续性，并不会贸然对该企业作为较大的改变。因而，即使这个时候从外面任命一位核心高管，也会充分考虑企业内部继任者的发展机会，对公司高管层的权力通常会进行较为均衡的安排。第三，核心高管调任的另一个原因就是上级主管们从行业均衡发展的角度出发，希望"削强扶弱"，推动竞争，避免一家独大，会将核心高管人员从一家在市场中占优势地位的企业调任到另一家相对弱势的企业中。这种类型与其他任何一种离职或继任都没有相似性，界定为调任类型3。发生调任类型3的情形下，成熟市场经济中的优胜劣汰机制被另一个非市场机制所替代，这可能会在某种程度上影响企业效率提升和资源有效配置。当然，调任类型1可能会与调任类型3相伴生，即为了给来自于相对弱势企业的核心高管人员安排一个适合的岗位，也可能会将其调任到相对优势企业中。这样做的一个目的可能是，有利于培养高管人员，让其在相对优势企业中任职有助于获得更多的经验。综合起来看，调任类型3是调任类型1+调任类型2的组合体，较之调任类型1和调任类型2来说更加具有显著的转轨经济特征。由于调任类型3很可能普遍存在于同行业内不同国有企业核心高管人员交叉调动与任职行为，因而这种类型的调任会导致不同企业间战略行为的彼此透明化。

因而，可以提出如下假设：

假设1：国有企业核心高管人员在不同企业间的调任行为会导致这些高管人员战略决策上的相似性。

此外，还有一种特殊的调任现象需要关注，即国有企业的核心高管人员离开原任职企业后到行业上级主管部门任职，成为典型意义上的政府官员；或者是与之相反，来自于行业上级主管部门的政府官员到企业任职，变成高管人员。在此前所做的研究中，我们曾经就这个问题展开过深入剖析，认为从政府调任到企业令他们可以较早地掌握政府管制及行业发展趋势，从而率先采取行动，成为行业中的战略领先者；当高管人员调任政府时，其在原任职企业的经营思路也会体现在作为政府官员所制定的行业管制政策上，这样会令其原任职企业获得一定的先发优势（邵剑兵等，2010）。

因此，可以提出如下假设：

假设2：国有企业核心高管人员调任政府中的行业主管部门，或者从政府中的行业主管部门调任到国有企业担任核心高管人员，都会令所任职企业获得战略意义

（二）调任行为与知识溢出

国有企业核心高管人员的调任会导致不同企业间的知识溢出，特别是具有战略意义的核心知识溢出，这与被调任人员所担任职位的重要性有着密切关系。

正如本文此前所指出的，在成熟的市场经济下，高管人员甚至是核心高管人员的离职现象并不少见，但绝大多数企业都会想方设法地防止核心高管人员直接跳槽到直接竞争对手那里的企业，这样的情形一旦发生将意味着原任职企业的战略机密将完全呈现在竞争对手面前。因而，如果类似的离职行为无法阻止的话，企业必然要采取有效的预防措施来降低可能给企业带来的损害。从调任行为本身的特征来看，大多并不是企业自己有计划性的行为，而是来自于国资委或负责干部管理的上级主管部门进行调整，对原任职企业来说往往会存在一定的偶然性和不可控性，难以预先采取有效的"消毒"措施。当然，企业也可以采取"竞业禁止条款"或股票期权激励等措施，但这两个手段对调任似乎都起不到任何作用。一方面，上级主管部门会要求所属的国有企业服从大局利益，不能利用"竞业禁止条款"阻碍核心高管人员的调任；另一方面，股票期权激励也会因离职的核心高管主动放弃这部分利益而失去了应有的效果。

此外，核心知识的溢出也依赖于离职核心高管人员新任职企业对这些知识的需求程度和吸收能力，如果两家企业存在着较为明显的差异，这些核心知识溢出的程度也会大大降低。根据资源学派的相关理论，当一家企业拥有的资源具有明显的独特性时，往往会体现出与该企业存在着较强的资产专用性，一旦溢出其价值有可能会大大降低。但当竞争企业之间表现出较为明显的相似性时，上述知识溢出的障碍就会大大降低。从此前的分析看，我国国有经济比重较高的一些行业中，现有处于寡头垄断地位的少数企业往往都是从原来的一家企业逐渐分解转化而来，尽管这些企业后来的演进路径有所不同，但还是表现出较为明显的资源相近性。因而，这为核心知识在不同企业间的溢出提供了可能。当然，从上级主管部门推行调任的角度考虑的话，他们也希望能够让核心知识可以从相对优势企业向相对弱势企业流动，达到扶助更多弱势企业的目的。

当然，吸收能力影响知识溢出吸收效率的作用过程还要受到特定知识溢出类型（自然科学溢出和社会科学溢出）以及特定的知识溢出机制（研究溢出和人力资本溢出）所决定（赵勇和白永秀，2009）。从这些核心高管人员所掌握的知识类型看，他们拥有丰富的行业经验和管理知识，这些普遍适用于行业内的大多数企业，这也为核心知识溢出提供了可能性。

因而，可以提出如下假设：

假设3：调任行为导致行业内不同企业间较为显著的知识溢出，特别是那些具有战略意义的核心知识。

（三）调任行为与战略趋同

调任行为发生后，将会对行业内处于寡头垄断地位的少数几家国有企业的战略行为产生什么影响，是一个尤其值得关注的问题。也就是说，是否可以通过核心高管人员的调任实现"削强扶弱"的目的呢。

这里首先要分析的一个问题是调任后的高管们会采取什么样的战略决策行为。根据总裁生命周期理论，这些管理人员能够晋升到大型企业的核心高管职位，都会形成较为稳定的认知模式和决策习惯，且一旦形成就很难改变。调任行为发生后，他们到新任职企业仍然会受到原油认知模式和决策习惯的影响与支配，并将原有的管理经验与知识移植到新企业中。此外，从竞争的角度看，这些继任高管大多在原任职企业担任重要职务，他们对原企业的核心能力及竞争优势都有充分的了解。当他们进入到新任职企业后，可以针对原企业的竞争优势采取相应的竞争手段，以削弱竞争对手的优势地位。如中国移动的王晓初到中国电信任职后，就提出要推动中国电信进入到移动通信业务。而中国联通的王建宙到中国移动任职后，提出要大力发展中国移动的增值业务等。

此外，来自于市场竞争的压力也迫使这些高管采取更为简便有效的战略措施，特别是对那些具有主动离职特征和有"救火队长"角色的高管们。这里还需要考虑行政性高管调任行为下高管任职的一个重要特征，即为公司获得较好的业绩并不意味着就不会被调任，这与成熟市场经济下高管任职有着较为明显的区别。如果核心高管的任职期限存在较强的不确定性，他们很难会从长期角度进行经营角色，相反，会考虑如何在相对较短的时间内获得不错的业绩，即短期行为倾向。因而，他们更愿意将在原任职企业的成功做法移植过来，这样做会见效快，有利于在短时间内赢得来自于上级主管部门的认可。他们这样做就不可避免地造成行业内企业的同质化倾向，导致这些企业在战略行为上表现出明显的趋同性。当然，如果政府能够有效地抑制这些企业的合谋行为的话，这样的结果对消费者而言是一个好消息，能够享受到价格战所带来的利益，但企业发展路径的同质化也在某种程度上影响了行业内出此案真正意义上的创新。

因而，可以提出如下假设：

假设4：调任行为会导致所任职企业间在战略行为上的趋同性，这种趋同性主要是来自于这些核心高管人员的认知模式和决策习惯，或者是外界对短期内业绩改善或提升的要求。

当然，如果从另一个角度分析的话，这些离任高管到新岗位就职后，如果他们对任职期限具有长远预期的话，可能就采取相反的措施。即他们会针对原来企业的独特优势，结合现任企业的特点，采取不同的发展思路进而形成差异化战略行为，以削弱竞争对手的优势地位。因而，可以提出如下假设：

假设5：当新任核心高管对任职期限具有长远预期的时候，他们会采取不同的战略行为取向，进而帮助新任企业形成差异化竞争优势。

（四）调任行为与战略变革：高管团队的中介效应

高管团队更迭在调任与战略变革之间的影响。要达到调任所期望的变革目标，要赋予调任高管相应的权力。核心高管在继任后能够在较短时间内进行公司战略变革，一个重要的原因是其继任时的权力安排，即同时担任公司的董事长和CEO的职务。

为了更好地推动战略变革，中国电信和中国移动还在核心高管更迭后对高管团队进行了调整，2004年到2005年间，中国电信更换了两名高管人员，以及三名监事会成员，中国移动则更换了五名高管人员。随着高管团队发生较大幅度的调整，外部继任者实施其战略意图的举措也可以得到有效的支持。对中国联通而言，外部继任者仅担任董事长一职，而总裁仍然由内部继任者担任。外部继任者希望进行战略变革，而内部继任者不具有明显的挑战者特征，并不会主动改变企业原有的战略思路，这可能会造成两者之间战略理念上的冲突。从实际结果看，在2004年发生高管更迭之后，中国联通的高管团队没有发生变化，仍然延续着此前的战略思路，并没有发生显著的变化，这与中国电信和中国移动有着明显的不同。从上述分析看，在核心高管离职、继任与企业战略行为变化之间的关系中，高管团队的调整是实施战略变革的一个关键条件，并会起到非常重要的中介作用。因而，当外部继任者能够获得较大权力时，其实施变革的可能性会更高一些，可以观察的一个反映权力的有效指标就是外部继任者是否实现了董事长与CEO的两职合一。以上的结论反映了核心高管离职、继任与战略行为之间关系的主流理论同样适合于国有企业，即使这些国有企业的核心高管人员离职和继任等行为与通常意义上的概念界定并不相符合。

因而，可以提出如下假设：

假设6：高管团队更迭在核心高管调任与战略变革之间具有明显的中介效应。

五、结　　论

本文的结论如下：

第一，转轨经济下的国有企业高管继任表现出其特殊性。当具有政府身份的控股股东从行业监管角度考虑企业发展问题的时候，高管离职和继任就具有较为明显的行政性色彩。因此，除了自然离职类型外，其他的高管离职既不属于主动辞职，也无法归属为被动解职，本文提出了一种新的离职类型：调任。由于调任属于转轨经济下国有企业所特有的高管离职类型，此前的理论无法对调任与高管继任之间的关系提供合理的解释。因而，调任之后的内部继任难以区分出挑战者继任还是追随者继任,而外部继任也并不是因为前任高管经营业绩不佳,外部继任也就并非必然导致战略变革。

第二,高管继任之后的职务安排对继任后的企业战略变化将起到重要的影响。继任者既可能担任所任职企业中的某一个高管职务,也可能同时担任董事长和CEO/总裁两个职务,这意味着继任高管掌握不同水平的权力,也必然会影响到其推行战略变革的能力。本文研究发现,当继任者同时担任董事长和CEO/总裁两个职务的时候,其推行战略变革的能力要比仅担任一个职务强得多。当然,这里仅是通过一个案例形成的推测,还需要通过大样本的定量研究来证实。

第三,继任高管推动企业进行战略变革的时候,往往会伴随着企业高管团队较为明显的变化。由于继任高管推动战略变革的时候需要得到高管团队的认同,以及在执行过程中需要其他高管成员的支持,这些都显示出高管团队的重要性,一旦高管团队不认同或不支持继任高管的战略意图,那么其难逃失败的命运。所以,继任后高管团队的稳定性将在高管继任与企业战略行为之间起到一定的中介作用。

第四,当发生外部继任的时候,即使前任高管并非被动解职,在国有企业中的外部继任者仍然愿意努力推动战略变革,毕竟通过有效地提升企业竞争力与经营绩效,可以彰显其在企业经营方面的能力。当然,这种推动战略变革的能力将不可避免地受到多方面因素的影响,如高管继任后的职务安排、高管团队的变化等。

参 考 文 献

1. 柯江林、张必武、孙建敏:《上市公司总经理更换、高管团队重组与企业绩效改进》,载《南开管理评论》2007年第10期。

2. 马磊、辛立国:《公司业绩、董事会特征与高管更换》,载《产业经济评论》2008年第7期。

3. 饶远立、邵冲:《46家国内企业使命陈述的实证分析》,载《南开管理评论》2005年第8期。

4. 邵剑兵、刘力钢、王晓辉:《中国汽车制造业企业发展战略问题研究——企业战略使命陈述实证性分析》,载《辽宁大学学报》2008年第36期。

5. 邵剑兵、刘力钢、王英霞、肇乾:《转轨经济条件下战略行为选择及转换研究》,载《管理案例研究与评论》2013年第1期。

6. 邵剑兵、刘宇:《权力循环视角下的公司治理研究综述》,载《外国经济与管理》,2009年第31期。

7. 宋思根:《企业CEO继任的经验研究与展望》,载《财经问题研究》2009年第5期。

8. 王克敏、王志超:《高管控制权、报酬与盈余管理——基于中国上市公司的实证研究》,载《管理世界》2007年第7期。

9. 徐岚、汪涛、姚新国:《中国企业产品创新战略执行路径:基于转轨经济条件的研究》,载《管理世界》2007年第9期。

10. 徐向艺、庞金勇：《上市公司主要高管变更后的团队稳定性》，载《经济管理》2008年第13期。

11. 张必武、石金涛：《总经理更换与高管团队的稳定性研究——来自中国上市公司的经验证据》，载《财经研究》2006年第32期。

12. 张俊生、曾亚敏：《董事会特征与总经理变更》，载《南开管理评论》2005年第8期。

13. 张龙、刘洪：《上市公司经营者继任的绩效意义》，载《南开管理评论》2006年第9期。

14. 赵勇、白永秀：《知识溢出：一个文献综述》，载《经济研究》2009年第1期。

15. 朱红军：《我国上市公司高管人员更换的现状分析》，载《管理世界》2002年第5期。

16. 朱星文、廖义岗、谢盛纹：《高级管理人员变更、股权特征与盈余管理——来自中国上市公司的经验证据》，载《南开管理评论》2010年第13期。

17. Berger, B. K., 2005: Power Over, Power With, and Power to Relations: Critical Reflections on Public Relations, the Dominant Coalition, and Activism. *Journal of Public Relations Research*, Vol. 17, No. 1.

18. Cannella, A. A. & Shen, W., 2001: So Close and Yet So Far: Promotion Versus Exit for CEO Heirs Apparent, *Academy of Management Journal*, Vol. 44, No. 4.

19. Colm O'Gorman & Roslyn Doran., 1999: Mission Statements in Small and Medium-sized Business. *Journal of Small Business Management*, Vol. 54, No. 7.

20. Combs, J., Ketchen Jr D., Perryman, A., & Donahue, M., 2007: The Moderating Effect of CEO Power on the Board Composition-Firm Performance Relationship, *Journal of Management Studies*, Vol. 44, No. 8.

21. Daily, C. M.; Dalton, D. R., 1992: Financial Performance of Founder-managed Versus Professionally Managed Small Corporations, *Journal of Small Business Management*, Vol. 30, No. 2.

22. David, F. R., 1989: How Companies Define Their Mission, *Long Range Planning*, Vol. 22, No. 1.

23. Dess, G. G., & Beard D. W., 1984: Dimensions of Organizational Task Environment, *Administrative Science Quarterly*, Vol. 29, No. 2.

24. Eisenhardt, K. M., 1989: Building Theories from Case Study Research. *Academy of Management Review*, Vol. 14, No. 4.

25. Finkelstein S., and Boyd B., 1998: How Much Does the CEO Matter? The Role of Managerial Discretion in the Setting of CEO Compensation. *Academy of Management Journal*, Vol. 41, No. 4.

26. Finkelstein, S., 1992: Power in Top Management Teams: Dimensions, Meas-

urement, and Validation, *Academy of Management Journal*, Vol. 35, No. 3.

27. Fligstein, N., 1996: Markets as Politics: A Political-cultural Approach to Market Institutions, *American Socio-logical Review*, Vol. 61, No. 1.

28. Hambrick, D. C., & Fukutomi, G. S., 1991: The Seasons of A CEO's Tenure, *Academy of Management Review*, Vol. 16, No. 3..

29. Harris, D. & Helfat, C. E., 1998: CEO Duality, Succession, Capabilities and Agent Theory: Commentary and Research Agenda, *Strategic Management Review*, Vol19, No. 1.

30. Henderson, A. D., & Fredrickson, J. W., 2001, Top Management Team Coordination Needs and the CEO Pay Gap: A Competitive Test of Economic and Behavioral Views, *Academy of Management Journal*, Vol. 44, No. 4.

31. Ireland, R. D. and Hitt, M. A.. Mission Statements: Importance, Challenge and Recommendations for Development. *Business Horizons*, 1992, May-June.

32. Jensen, M. C. 1993, The Modern Industrial Revolution, Exit, and the Failure of Internal Control Systems. *Journal of Finance*, Vol. 48, No. 3.

33. Klemm, M., Sanderson, S. and Luffman, G.., 1991: Mission Statements: Selling Corporate Values to Employees. *Long range planning*, Vol. 24, No. 3.

34. Lambert, R., Larcker, D. & Weigelt, K.. 1993: The Structure of Organizational Incentives. *Administrative Science Quarterly*, Vol. 38, No. 8.

35. Luo, Y., 1999: Environment-Strategy-Performance Relations in Small Business in China: A Case of Township and Village Enterprises in Southern China. *Journal of Small Business Management*, Vol. 37, No. 1.

36. March, G., 1962: The Business Firm as a Political Coalition, *Journal of Politics*, Vol. 24, No. 4.

37. McClelland, Patrick L., Ph. D., 2008: Top Management Group Pay Disparities and Subsequent Firm Performance: The Effect of Powerful CEOs, Dissertation, University of Kansas。

38. Miller, D., 1991: Stale in the Saddle: CEO Tenure and the Match Between Organization and Environment, *Management Science*, Vol. 37, No. 3.

39. Newman, H. A. & Mozes. H. A. 1999: Does the Composition of Compensation Committee Influence CEO Compensation Practice?, *Financial Management*, Vol. 28, No. 2.

40. Ocasio W., 1994: Political Dynamics and the Circulation of Power: CEO Succession in U. S. Industrial Corporations, 1960 – 1990, *Administrative Science Quarterly*, Vol. 39, No. 3.

41. Pearce, J. A. and David, F., 1987: Corporate Mission Statements: the Bottom Line. *Academy of Management Executive*, Vol. 1, No. 2.

42. Peng, M. W., 2003: Institutional Transitions and Strategic Choices. *Academy of Management Review*, Vol. 28, No. 2.

43. Peter F. Drucker., 1973: *Management: Tasks, Responsibilities, and Practices*. New York: Harper & Row.

44. Pitcher, P., Chreim, S., & Kisfavli, V., 2000: CEO Succession Research: Methodological Bridges Over Troubled Waters, *Strategic Management Journal*, Vol. 45, No. 4.

45. Preffer, J., 1992: *Managing with Power: Politics and Influence in Organizations*. Boston: Harvard Business School Press.

46. Shen W. & Cannella A., 2002: Power Dynamics Within Top Management and Their Impacts on CEO Dismissal Followed by Inside Succession, *Academy of Management Journal*, Vol. 45, No. 8.

47. Shen, W. 2003, The Dynamics of the CEO – Board Relationship: An Evolutionary Perspective, *Academy of Management Review*, Vol. 28, No. 3.

48. Weisbach, J. B., 1988: Outside Directors and CEO Turnover, *Journal of Financial Economics*, Vol. 19, No. 1.

49. Zajac, E. J., & Westphal, J. D., 1996: Who Shall Succeed? How CEO/Board Preferences and Power Affect the Choice of New CEOs, *Academy of Management Journal*, Vol. 39, No. 3.

The Research on the Relation of Executive Succession and Strategic Behaviors of SOEs-Base on China Telecom Industry's Cases

Shao Jianbin   An Man   Zhang Jinyu

(School of Business, Liaoning University, Liaoning Shenyang 1300136, China)

Abstract: The relation of executive turnover and corporate strategic behaviors is an important area. Because of the special characters of SOEs, their executive turnover and the effects on corporate strategic behaviors are very valuable. This paper uses grounded theory and case-study method to analyze three telecom companies' executive turnover and succession cases, and the following changes of strategic mission statements and strategic behaviors. Ant we regard that those executive turnover and succession cases have obviously administrative characters, and the interchange of executive among three corporates plays an important role on strategic behaviors, which can push the flow of knowledge and help the weaker competitors, and resulting to the strategic similarity.

Key Words: Executive Turnover; Executive Succession; Strategic Behaviors; State-owned Enterprises

JEL Classifications: L32　G34

国有企业去垄断化的路径探究

——以铁道部改制为例

索一冉[*]

(中南财经政法大学法学院　湖北　武汉 430060)

内容摘要：我国实行改革开放政策已经 30 多年，国有企业经过多次的改革，基本上已经实现了经济的高速增长。但是在改革过程中也出现了很多问题，特别是其垄断行为，已经严重影响了我国未来经济的发展及社会的和谐稳定。论文以近期发生的铁道部改制为例，分析其公益性与营利性目标的应然、实然状态，得出其改制后反垄断的一些成果与经验，从而为我国国有企业的去垄断化提供借鉴，具体的建议措施包括重新树立企业理念、建立完善的法律法规配套体系、放松民间资本进入管制等。

关键词：国有企业；去垄断化；铁道部

一、国计与民生：发展国有企业之动力源泉

(一) 国有企业之理论界定

什么是国有企业？在不同的国家和不同的历史背景下，对其会有不同的界定。在"欧洲共同体法规指南"中，将其描述为"政府当局可以凭借它对企业的所有权、控股权或管理条例，对其施加直接或间接支配影响的所有企业"(亨利帕里斯等，1991)。在我国，国有企业具体是指企业的所有资产的所有权属于国家，并且依据企业法人登记管理条例的有关规定进行注册登记的非公司制组织。我国国有企业实行分级管理的模式，分为中央政府部门拥有的国有企业和各级地方政府拥有的国有企业两类。

中央人民政府铁道部于 1949 年 10 月成立，到了 1954 年 9 月，国务院按照规定将其改为中华人民共和国铁道部，这个名称一直延续到改制前。此时的铁道部在性质上，既是中央政府机构，同时也是国有企业。2013 年 3 月，根据国务院机构改革和职能转变方案，将铁道部拟订铁路发展规划和政策的行政职责划入交通运输部；组建国家铁路局，由交通运输部管理，承担铁道部的其他行政职责；组建中国

---

[*] 索一冉(1990~　)，女，山东聊城人，中南财经政法大学经济法专业硕士研究生，主要从事财税法研究。

铁路总公司，承担铁道部的企业职责；不再保留铁道部。[①] 铁道部改制后发生了很大的变化，但是成立的中国铁路公司仍旧属于是由中央管理的国有独资企业，由财政部履行出资人义务，其变化的一点是将铁路公司遵循市场化、企业化的经营模式，不再承担有关行政职责。

（二）去垄断化之内涵诠释

由于我国疆域辽阔、资源丰富且人口基数较大，工业布局重点不平衡，导致与其他类型的运输方式相比，铁路运输的优势比较突出，具有极其重要的作用。铁路作为国民经济的大动脉，是拉动经济增长的引擎，是国家战略部署的重要组成部分，它使我国与周边国家联系更加密切，国际影响力日益扩大。另外，由于铁路具有经济安全、速度快、运能大、节能省地、减排高效等特点，决定了它是普遍化的交通工具，加快铁路发展已经得到了社会大众的普遍认同。铁道部作为我国铁路的占有者，在铁路系统具有一定的垄断地位。

因此，对本文中"去垄断化"的含义要正确理解，我国《反垄断法》规定，其规制的对象是市场主体的垄断行为，而不是其垄断状态。垄断行为又具体包括：垄断协议；滥用市场支配地位；具有或可能排除、限制竞争效果的经营者集中；滥用行政权力排除、限制竞争。

另外，《反垄断法》第 7 条规定，"国有经济占控制地位的关系国民经济命脉和国家安全的行业以及依法实行专营专卖的行业，国家对其经营者的合法经营活动予以保护，并对经营者的经营行为及其商品和服务的价格依法实施监管和调控，维护消费者利益，促进技术进步"。我国铁道部作为铁路的拥有者，属于该法第 7 条涵盖的保护对象之一。但是需要注意的是，第 7 条的规定并不是所谓的豁免条款，其并不是单纯地为了保护垄断行业，而是"保护"与"监督"两者并行，因此，对于铁道部的垄断地位，我们不予质疑，但是其利用垄断地位损害消费者利益的行为理应受到相关法律的规制，应将其纳入我们去垄断化的对象中来。

二、应然与实然：国有企业公益性与营利性博弈

不论是改制前，还是改制后，铁道部国有企业的身份没有改变，作为市场经济中的一个特殊主体，国有企业的目标应定义为追求公益性和营利性，铁道部也不应该例外。但是改制前，由于各种管理体制方面的原因，铁道部并没有完成两个目标的双赢。改制后成立的中国铁路总公司虽然才成立不久，各方面工作还没有完全展

[①] 田翔：《将组建国家铁路局和中国铁路总公司》，http://www.zgjtb.com，2013 年 3 月 11 日。

开,但是从其未来发展方向及其企业定位等方面,我们不难发现其对于两个目标的追求,以及在去垄断化方面所做的努力。

(一) 应然:国有企业公益性与营利性的"双赢"局面

毋庸置疑,国有企业在成立之初就肩负着两大目标,既要追求社会的公益目标,又要追求市场的营利目标,这也是铁道部运行的应然状态。

1. 公益性

公益性,从字面上理解就是有益于社会大众的意思。它的出发点是为社会服务,为人民服务,追求的是社会效益而非经济效益。铁道部垄断了全国的铁道系统,提供的服务关系到国民经济的发展和人民生活的保障,也是我们日常生活中所不可缺少的,理应承担一些公益性任务。

这些公益性任务主要体现在:一、修建公益性铁路,承担涉农物资等关系国计民生的公益性运输和特运、专运、抢险救灾运输等任务;二、对特殊群体进行票价优惠,比如学生、儿童等。

2. 营利性

铁道部作为一个企业存在,应该具有营利的特征。如果一味地亏损,不仅会损害国家资本,也会影响其社会责任的实现。铁道部追求营利性,首先是出于企业作为"经济人"的原始本能。铁路部门在占有了庞大的铁道系统后,在生产和经营活动中追求最大利润是天经地义的。若失去了这种本能,市场经济也就失去了存在的基础。另外,企业要想不断壮大、持续经营,就必须要有利润,必须要以营利为目标。如果不能够做到持续营利,企业就不会发展壮大,也不会持续存在,更不用提国有资产的保值增值。换句话说,如果建立铁道部仅仅是为了实现其社会公益功能,而不追求营利,那就不一定必须采取企业这种组织形式,建立公益事业单位和一些特殊的非营利机构同样可以满足这种需要。

3. "双赢"

在应然状态中,铁道部要实现公益性与营利性的双赢状态。这两者是不矛盾的,理由主要表现在两个方面:第一,铁道部在执行国家的公益性任务时,可能会对自己的营利情况造成影响,这部分亏损是由国家财政部门进行专项补贴的,不由铁道部自身负责,否则会影响他们的经营积极性。第二,对于铁道部自身的经营性运输,则完全遵照市场的规律进行,自负盈亏。

按照这个思路,公益性运输按照公益性运输的规律发展,经营性运输按照市场规律发展,铁道部两大目标的"双赢"局面就很容易实现了。

（二）实然：国有企业公益性与营利性之利益博弈

1. 营利性——牺牲公益，寻求利益最大化

铁道部自建立之初，由于政企不分、高度的纵向横向一体化等原因，造成企业连年亏损、百姓抱怨连天、员工工作积极性不高等一系列问题。有人形容说，"我们都是铁路垄断下的沙丁鱼"，这反映出铁道部实际的运行现状与应然状态差距较大，现实中存在的主要问题有：

（1）追求"形象工程"，导致安全事故频发。改革开放以来，我国的铁路事业完成了跨越性的发展。经过六次大提速后，我国的铁路从新中国成立初期的低速铁路时代发展到了现如今的200公里每小时的高速铁路时代，并逐步成为了我国载客量最大、运输量最大的交通系统。但是，随着铁路事业突飞猛进的发展，列车时速的不断提高，重大事故的发生率也在逐年地递增。例如，7月23日的"甬温线特别重大铁路交通事故"，给人们的生命和财产安全造成了极大的威胁。自诩"十分安全"的动车和高铁为什么频频出现事故，事故发生之后为什么铁道部又处处推诿，究其原因，主要是工作人员态度不谨慎，还有铁道部在行政垄断的机制下，过多追求"形象工程"和所谓的政绩，导致产品供给质量不足，为事故埋下了较大而又长期的隐患。

（2）经营管理不善，造成季节性供求失衡。在每年春运、暑运、"五一"、"十一"等客流来往密集的假期中，人们买火车票难、托运行李难、等候火车难等的问题就显得非常突出，这显示出以往的火车运营方式很明显不能满足季节性客运的需求，存在着火车站设计、售票方式、火车运能等多方面的问题。铁道部并没有针对不同的时期，采取不同的运输政策，导致季节性供求失衡。另外，一个比较突出的问题是购买火车票时被告知火车票已售罄，但实际运行时，火车的上座率却不高，这也反映出了铁路部门售票系统的不完善。

（3）服务意识薄弱，引发民众怨声载道。在铁道部提供的服务质量方面，大部分老百姓是不满意的，表1是前段时间人民网做的一项调查结果。目前的问题主要体现在服务意识方面比较薄弱，这主要是因为火车站的工作人员没有从内心树立起乘客是交通运输企业生存的根本、存在的基础的理念，他们没有把乘客的内心需求摆在第一位，也没有用更好地提高服务质量来吸引更多乘客的想法。由于内心的认识提高没有上去，在平常的服务过程中，着重于管理，而不是服务，指挥旅客多，引导旅客少；约束旅客多，提供方便少；甚至于有些工作人员对待乘客态度粗暴，个别人员还发生野蛮待客行为；有的出现乱收费、乱加价、乱罚款等非法现象，令不少老百姓怨声载道。

表1 铁路运营服务质量问卷结果

火车票黄牛党是否普遍	普遍 36.5%	不普遍 30.2%	没注意 33.3%
火车站进站安检通道是否太少	太少 35.9%	不少 31.3%	没注意 32.8%
车站是否应当提前安检以便旅客提早找到车厢和座位	应当 38.1%	不应当 30.2%	不清楚 31.7%

资料来源：http://society.people.com.cn/GB/8235641.html，人民网。

（4）限制民间资本进入，形成市场进入壁垒。铁道部垄断国家的铁路市场，由于其管理体制僵化，"政企不分"等现象严重，主要业务由中央或地方的铁道部门垄断经营，政府既是管理政策的制定者与监督执行者，又是具体业务的实际经营者，这就造成了我国铁路行业的低效率。民营资本投资进去，要想获利，前提是需要获得相应的产权，一般包括所有权、经营权和处置权等一系列权利，但是铁道部在改制前，是由国家控制铁路网运营权和统一定价，并且，经营铁路也背负着大量公益性建设和经营职能，在这种情况下，民营资本即使投入进去，经营获利的可能性也微乎其微。另外，铁路运输是路网联一，民营企业只能修路程较短的一小段铁路，而且这段铁路必须要融入整个大铁路网中，在这样的情形下，民营企业极易受到铁道部的排挤。此外，国家制定的有关吸引民间资本的政策大都是粗线条的，并没有相关的具体细化方案，股权配置、退出机制等一些问题也没有详细列明，这也给民间资本的进入造成了困难。

2. 去垄断化——寻求公益性与营利性之间的平衡

为了解决上述问题，我国进行了铁道部改制，成立了中国铁路总公司，目前将其定位为中央管理的国有独资公司。铁道部的撤销只是铁道部改革的第一步，但是从中国铁路总公司的企业定位可以看出，其去垄断化进程已经迈出了重要的一步。

（1）定位于仅仅承担企业职责。按照规定，中国铁路总公司承担原铁道部的企业职责，而行政职责交由交通运输部和新成立的国家铁路局承担。这样的改变带来的好处是，中国铁路总公司将按照市场规律、企业化的经营模式，发挥市场营销的主动性，在产品和服务方面做到市场化自主定价。这样就大大减少了行政垄断的机会。

（2）仍然保留铁路的公益性质。铁路的公益性质仍旧被保留，国家将建立铁路公益性运输补贴机制。对于铁路承担的学生、伤残军人、涉农物资等公益性运输任务，以及青藏线、南疆线等有关公益性铁路的经营亏损，研究建立铁路公益性运输补贴机制，研究采取财政补贴等方式，对铁路公益性运输亏损给予适当补偿。①

（3）对公益性和经营性铁路进行区分。对哪些属于公益性运输，哪些属于经营性运输进行区分是十分必要的，这主要表现在：第一，对于建设公益性线路和公

---

① 国务院办公厅.《国务院关于组建中国铁路总公司有关问题的批复》，2013-03-14. http://www.gov.cn/zwgk/2013-03/14/content_2354218.htm.

益性运输所产生的负债应该由国家来承担,而经营性运输导致的负债则由铁路运输企业自己负责偿还;第二,有利于公益性线路和运输申请国家补贴规范化,而经营性运输的部分则可以更加强调其经济效益。以前铁道部的很多铁路建设和运输很少考虑投资回报,所以铁路系统融资渠道很单一,债务负担也越来越重。未来市场化的铁路运输企业将获得更多的融资渠道,可以更多地通过在资本市场公开发行股票等方式获取资金。

(4) 更易吸引民营资本进入。铁道部改制前,国务院几次提及加大民间对铁路的投资,但是在政策出台后,很少有民间资金的进入。改制后,铁路实行分类投资建设,公益性的铁路建设由政府和社会资本投入,而经营性的铁路建设鼓励社会包括民营资本积极投入,这样就能更加保证民间资本投入后的利润回报。

(5) 未来前景十分光明。成立中国铁路总公司只是第一步,也是很关键的一步,为了提高铁路企业的运营效率,未来可能会在此基础上,实行市场主体多元化,分一些路段搞市场化运营,引入竞争机制,对中国铁路总公司进行进一步拆分,[①] 慢慢地逐步推进,最终让铁路成为一个特殊的市场主体。

三、尝试与创新:我国国有企业去垄断性的可行路径

通过以上的分析,我们可以看出,铁道部改制是一项成功的举措,它对我国国有企业去垄断化的工作提供了很大借鉴。我国国有企业去垄断化的工作刻不容缓,可行的主要措施有以下几个方面:

(一) 重新树立企业理念

国有企业作为特殊的市场主体,要探究它去垄断化的可行路径,首先需要要求国有企业自身转变企业理念,不能把垄断作为自己的"保护衣",要积极寻求解决对策,从自身做起。

1. 追求公益营利的双赢局面

上文曾经说过,国有企业的公益性与营利性,二者缺一不可。保持平衡的关键就是要求国有企业适度盈利,但不过分。国有企业要从企业自身做起,通过改善企业治理模式、经营方式等,加强与其他主体的合作,以此来达到去垄断化的效果。自身理念的转变比外部政策的促使效果要好。

---

① 借鉴电信行业的经验,将业务进行分解,比如把货运与客运分开,分别交给铁路运输公司经营,或者把全国铁路运输按地区分解,交给不同路局经营。

2. 树立消费者利益至上的观念

国有企业的垄断行为给社会大众最直接的感受就是平时的消费行为受到一定的影响。在现实生活中，国有企业的垄断行为给消费者利益带来了巨大损害，近些年来的电信、石油等部门的价格垄断、变相收费等让消费者越来越不能忍受的行为，不胜枚举。因此，国有企业不能将自己放在过于高的位置，而不顾社会大众的权益，采取一些危害社会公共利益的手段来追求自身的所谓利益。应该树立消费者利益至上的观念，保证市场经济的秩序与公平，提供物美价廉的产品或者服务供消费者选择。

我国的《消费者权益保护法》规定了消费者的几项权益，具体有知情权、安全使用权、自由选择权、公平交易权等，国有企业应该采用各种方法来保证消费者法定权利的实现，而不能用垄断行为损害消费者的利益。

（二）建立完善的法律法规配套体系

《反垄断法》于 2007 年颁布实施，《反垄断法》的条文内容与发达国家相比较为简单，在很多方面描写不具体，很难完成规制垄断行为的任务。随后，国务院也颁布了几个配套法规，对法律的实施给予了说明，但是相对于我国目前的国企的垄断行为来说，还是远远不够的，还需要更多的配套法规使之更加完善。

相对于《反垄断法》来说，还有很多具体部门的特别法，例如，《电信法》、《邮政法》、《铁路法》、《电力法》等，起着很重要的作用。根据国企所在行业的不同，其垄断行为也有很大区别，针对不同行业的差距，对其进行不同的监管是十分有效的规制路径。根据"特别法优于普通法"的原则，如果某特别法已经对某行业的国有企业作了具体规定，那么此时，《反垄断法》要退居其次，起辅助和兜底的作用；反过来说，如果特别法对该行业的国有企业没有作具体规定，或者规定难以实际操作，我们就需要运用《反垄断法》的一般原理来解决垄断问题。因此，在司法实践中，我们要把握好《反垄断法》与特别法的综合运用，在规制垄断行为方面，要建立健全一套完整的法律法规体系，不断完善国有企业反垄断过程中的权利救济制度。

另外，针对已经颁布实施的法律法规，我们要尽量细化条款，解决好条款中出现的操作问题，不要让期待已久的法律成为"纸上谈兵"。

（三）放松民间资本进入管制

根据中国垄断行业已有的或正在进行的改革实践，开放市场、引入竞争的基本途径主要是放松进入管制。放松进入管制目前在实践中主要是吸引民营资本的投资经营。国务院颁布"新 36 条"也是出于此种考虑，但是与"旧 36 条"相比，"新

36条"略有变化，但是变化不是很大。我国民营资本进入国有垄断领域还面临着以下主要障碍：法律和体制保障不足；进入成本（技术投入成本、固定投资成本、准入许可证等）过高；企业融资较为困难等。针对目前的困难，具体有以下几种解决办法：

第一，最大限度地放开市场进入管制，降低进入成本。放开市场准入，最重要的是在项目审批权方面更多地向民营资本倾斜。另外，民营资本的分散性特征使得其整体资金实力存在不稳定性，过高的进入成本往往使得很多民营资本有心无力。因此，政府应积极降低进入的成本，减少对民营企业进入的限制条件，并且实施公开、透明的项目竞标机制，减少寻租空间。

第二，给予财政方面的优惠政策，激励民营资本进入利润相对不足的行业。我国有些国有企业的利润可能相对不高，对于民营资本投入的吸引力相对不足，此时，政府更应该运用财政补贴、税收优惠等政策，来吸引民营资本的进入，从而推动行业生产效率改进和产业结构升级。另外，还应该积极拓宽民营资本的融资渠道，在融资规模、贷款利率方面给予民营资本更多的扶持。

参 考 文 献

1. 亨利帕里斯等：《西欧国有企业管理》，东北财经大学出版社1991年版。
2. 池伟松、王健、冯涛：《试析我国国有控股公司的反垄断问题》，载《西安交通大学学报（社会科学版）》2002年第1期。
3. 戴志强：《反垄断：国有经济的调整特殊要点》，载《上海经济》2006年第9期。
4. 符启林：《经济法争鸣》，知识产权出版社2006年版。
5. 咸幸东：《中国经济运行中的垄断与竞争》，人民出版社2004年版。
6. 王新富：《垄断行业改革的意义及思路》，载《商业经济》，2006年第8期。
7. 游劝荣：《反垄断法比较研究》，人民法院出版社2006年版。
8. 周响：《反垄断法新论》，中国政法大学出版社2006年版。
9. 朱宏文、王健：《反垄断法：转变中的法律》，社会科学文献出版社2006年版。

The De-Monopoly of State-owned Enterprises in the Case of Ministry of Railways Reform

Suo Yiran

(School of Law, Zhongnan University of Economic and Law, WuhanHubei 430060, China)

Abstract: China's reform and opening up policy has been more than 30 years, after a series of reform of State-owned enterprises, we have achieved rapid economic growth. But there have been many problems in the reform process; in particular its monopolistic conduct had serious impact on the country's future economic development as well as social harmony and stability. This paper takes recent restructuring of railways as an example, analyzes the idealistic approaches and solid state of its public welfare and profit objectives, and gets achievements and experience of their anti-monopoly after the reform, so as to provide experience to the monopoly of state-owned enterprises in China. These specific proposed measures include setting up business ideas, establish and improve the system of laws and regulations, relaxing private capital enter control.

Key Words: State-owned Enterprises; Monopolization; Ministry of Railways

JEL Classicifications: L32 L44

森林食品及北药产业发展研究

——以伊春市为例

赵红艳* 张 壮

(中共伊春市委党校 黑龙江 伊春 153000)

内容摘要：森林食品北药业是伊春市经济发展的三大引擎产业之一。目前，伊春市年销售额500万元以上的森林食品加工企业38家，虽然企业数量不少，但是大型龙头企业不多，还存在缺乏精深产品、品牌形象不突出等问题。面对森林食品和北药产业的这一发展现状，下一步要在提升食用菌产业、壮大北药业等领域重点开展工作。

关键词：森林食品；北药；产业发展

一、引 言

伊春市作为重点国有林区和中国最大的森林城市，最大的特点是森林广袤、生态优良，在发展森林食品及北药产业上资源优势、特色优势明显。2012年，市十一次党代会制定了"3+X"产业体系框架，把森林食品北药业作为伊春市经济发展的三大引擎产业之一，作为经济转型的战略抉择和产业结构调整中重要的接续替代产业。对于全面停止主伐后的伊春，解决富余职工就业问题，调动各林业局发展林业经济的积极性，塑造伊春市绿色林都新形象，实现加速转型跨越发展等方面具有重要战略意义。

二、伊春市森林食品及北药的资源禀赋情况

伊春市是一座绿色天然宝库，地域广阔，土壤肥沃，植被繁茂，物种繁多，资源丰富。高等植物177科、595属、1390种，其中蕨类植物46种，裸子植物8种，被子植物995种。小兴安岭森林、沟壑中栖息着马鹿、黑熊、驼鹿、猞猁等兽类18科67种，鸟类49科274种。国家一级保护动物10种、二级保护动物54种。伊春森林食品资源可分为食用菌、山野果、山野菜等12大类。

(1) 食用菌资源。全市有食用菌30余种，目前以人工栽培为主，主要品种有黑木耳、香菇、滑子菇、猴头菇、榆黄蘑等。2011年全市食用菌总规模6亿袋，

---

* 赵红艳 (1979~)，女，辽宁沈阳人，伊春市委党校讲师，主要从事产业与发展问题研究。

同比增长8.9%；总产量24.8万吨（鲜重），同比增长20.2%；总产值16.2亿元。其中黑木耳5.7亿袋，产值15亿元；菇类3000万袋，产值1.2亿，其中种植香菇1458万袋、滑子菇621万盘、猴头菇567万袋、榆黄蘑217万袋。野生食用菌年允收量18万吨，年采集量2529余吨。2011年，全国黑木耳销售量292万吨（鲜重），我市销售量19.3万吨（鲜重），约占全国的6.6%。

（2）山野果资源。全市山野果以浆果类和坚果类为主，有30多种，利用方式以野生采集为主，有部分品种用人工改培和人工栽培。野生山野果年蕴藏量70万吨，年允采量40多万吨。浆果类主要品牌有：笃斯越橘年蕴藏量12万吨，年允采量6.5万吨；山葡萄年蕴藏量1.5万吨，年允采量5360吨；狗枣猕猴桃年蕴藏量11万吨，年允采量6万吨；东方草莓年蕴藏量1980吨，年允采量522吨；兰靛果年蕴藏量1万吨，年允采量2680吨；稠李子蕴藏量1万吨，年允采量7186吨。坚果类主要品种有：红松子年蕴藏量4万吨，年允采量3.5万吨；榛子年蕴藏量38万吨，年允采量20万吨；山核桃年蕴藏量311吨，年允采量160吨。目前，人工改培和已驯化栽培山野果品种有山葡萄、树莓（俗名托盘）、笃斯越橘、红松籽、榛子等，发展前景看好。

（3）山野菜资源。全市山野菜有102种，利用方式以野生采集为主，少部分品种已开始人工改培和人工栽培。野生山野菜可食部分（鲜重）总贮量80多万吨，年允采量30多万吨。其中，蕨菜年蕴藏量29万吨，年允采量6万吨；黄瓜香年蕴藏量2万吨，年允采量1391吨；猴腿菜年蕴藏量35万吨，年允采量7万吨；刺嫩芽年蕴藏量1700吨，年允采量350吨；山芹菜年蕴藏量1880吨，年允采量900吨；柳蒿芽年蕴藏量100吨，年允采量39吨；穿地龙年蕴藏量327吨，年允采量16吨。此外还有蒲公英、刺五加叶、车前草、马齿苋、小根蒜等。目前，人工改培或驯化栽培的山野菜品种有黄花菜、山芹菜、刺嫩芽、小叶芹等。

（4）药材资源。伊春市有药材400余种，在黑龙江省所占比重为35%左右，其中鹿茸、熊胆、麝香、獾油、林蛙油、人参等十分名贵。五味子、黄芪、刺五加等品种大多集"食、药、补"于一体，形成商品量的有20余种，年实际收购量9000吨。目前利用的大部分品种以野生为主，部分主要品种已开始人工改培、人工繁殖栽培。野生采集品种主要有刺五加、五味子、党参、北豆根、暴马子、穿地龙等。人工改培和人工栽培药食作物有10余种，主要品种有人参、平贝、五味子、刺五加、穿地龙、满山红、黄芪、水飞蓟等。2011年，药材改培面积31万亩，其中五味子18.1万亩、人参2.1万亩、龙牙楤木1.8万亩；种植面积19.6万亩左右，其中水飞蓟11.5万亩、平贝3.3万亩。

（5）野生兽禽资源。全市现有人工驯养的野生动物10个品种。目前全市养鹿2万只，野猪2.3万头，山鸡4000只。森林鸡5000只，森林猪7000头。

此外，还有林蛙、蜂产品、矿泉水、树汁、可食昆虫、野生鱼类、野生香料等资源。

三、伊春市森林食品及北药产业的发展现状

森林食品产业已经成为伊春林区职工增收致富的重要渠道，现有从业人员16万人，人年均纯收入1万元左右。

（1）原料基地形成规模。全市建成保护型、改培型、繁育型和野化型235个。一是建立了保护型基地38处。市政府先后以市长令的形式颁布了保护红松、保护林蛙、保护笃斯越橘、保护鸟类鱼类等珍稀资源的规定，推行了野生资源承包管护经营责任制，建设山野菜、山野果、山药材、林蛙等保护型基地。各保护型基地合理制定轮采规划，做到有采有养，采养轮换，在一定程度上保证了野生资源消长平衡。二是建设改培型基地18个。我市的一些林改户、承包户在搞好林木经营的基础上，对承包区内分散生长的五味子、刺嫩芽、刺五加、刺玫果、榛子等山野菜、山野果及药食兼用资源进行了改培试验。三是建设繁育型基地143个。全市建立了百万袋食用菌基地100个；建成了五营九天公司、朗乡局营林中心、带岭林科所三个蓝莓种苗繁育基地，育苗能力达到4000万株；鹿、野猪养殖基地也有很大发展。四是建设野化型基地36处。建立了充山参、森林猪、森林鸡等野化基地。

（2）加工能力不断提高。全市规模以上森林食品加工企业发展到38家（年销售额500万元以上），10家企业为省级重点龙头企业，19家企业为市级重点龙头企业，占全市农业产业化龙头企业的绝大多数。龙头企业的不断发展壮大，提高了我市森林食品加工转化能力，增加了产业的整体经济效益。目前，全市食用菌加工转化率达到35%，山野坚果的加工转化率达到50%，山野浆果达到80%，山野菜加工转化率10%，初步改变了森林食品原料出境的局面。我市共有3个超亿元的森林食品加工项目被列入省级重点项目。黑龙江越橘庄园生物科技有限公司兴安蓝莓饮品加工及基地建设项目：项目总投资10亿元，包括蓝莓酒堡、一条年产5万吨蓝莓及其他山野果饮品生产线及花青素提取生产线，总建筑面积约8万平方米，购置各种生产设备900多台套，建设蓝莓示范种植基地5000亩，该项目于去年启动，现已完成酒堡主体工程、饮品加工厂房基础设施建设，预计2012年8月建成投产。伊春双蓝食品有限公司"双蓝"精深加工项目：总投资1.23亿元，年产浆果1万吨，果酒6000吨，改扩建厂房8026平方米；建设三个标准化种植示范园，完成了发酵、贮汁和高位罐及配料罐的加工生产，设备安装和冷库建设，已于去年8月22日正式投产。伊春天隆公司原生态食用菌种植及加工生产基地建设项目：总投资12000万元，建设规模为年加工食用菌2000吨，日产方便快餐50000盒。目前已累计投资近6000万元，新建800平方米生产车间，安装真空包装机、封口机等设备，蓝莓干、松仁油、即食小菜等生产车间已试生产，预计明年整个项目可正式投产。我们把发展精深加工作为森林食品产业化发展的主攻方向，引导企业自主研发和联合研发，鼓励企业创立技术中心，形成技术创新体系。我市的兴安红酒业与

国内外多家高等院校、科研院所合作，建立长期稳定的协作关系，成立了小兴安岭山野浆果研发中心，在开发蓝莓干红、蓝莓利口酒、蓝莓白兰地的基础上，目前正在开发蓝靛果、狗枣猕猴桃、五味子等野生浆果果酒。新青华润菌业利用原有药厂加工设备，开发了黑木耳多糖、香菇多糖等产品。天隆农林科技发展公司与北京绿色食品发展公司合作开发了自热米饭、坚果油、即食食用菌等5大系列产品。全市森林食品目前已形成食用菌、山野果、山野菜等8大系列300余种产品。

（3）市场空间不断拓展。一是产地市场不断发育。伊春区繁荣山特产品一条街（包括兴安岭森林食品展销中心）逐渐形成规模，入驻商户近百家，年交易额达2亿元以上，并呈现不断壮大的趋势，伊春森林食品市场的集散功能开始显现，食用菌、红松籽、蓝莓、人参等产品每年外进量都在万吨以上。二是外埠市场不断延伸。全市森林食品企业加快了外埠营销网络建设，营销网点不断增加，营销网络全面延伸，已在全国20余个省（市）、自治区建立经销点、代销点900多处，新开拓了山东、上海等销售市场。五营忠芝集团、伊春林都山特产品公司、伊春丰林山特产品公司在全国建立统一店面的连锁店都在40家以上。五营鑫野饮品、兴安塔有机食品、小兴安岭珍稀食用菌、雪中王食用菌公司等多家企业与大商集团、华润集团、北大荒集团、寒地黑土物产集团、麦德龙超市集团等国内知名营销企业合作，作为这些大集团的采购基地，利用他们的渠道将产品打入全国市场。我市森林食品经纪人队伍也在不断壮大，据估计在5000人以上，山东滕州、辽宁沈阳、上海5号桥等全国著名的干调批发市场都可见到伊春人的身影。全市森林食品营销网络正逐步由东北、环渤海地区向长三角、大西北地区拓展，伸向全国的每一个角落。三是会展活动扩大市场影响力。自2008年以来，我市连续举办了四届小兴安岭伊春蓝莓节，去年还举办了"越橘庄园"杯2011国际蓝莓小姐大赛，进一步提高了伊春蓝莓产品的市场影响力；2010年，我市举办了中国（伊春）首届森林产品博览会，森林食品是其中一项重要内容，全市森林食品规模以上企业全部参会参展。2012年7~8月我们还将举办第五届兴安蓝莓节和2012年全国蓝莓产业发展论坛。

（4）形成了一批自主品牌。全市注册各类森林食品商标近百件，"林都"、"越橘庄园"荣获全国驰名商标称号，分别成为全国黑木耳、蓝莓产品的领袖品牌；"翠花"、"祖母绿"、"雪山来客"等10个商标获省著名商标称号，还有"兴安塔"、"佳南"等15个商标获得市知名商标称号，我市在国内外市场具有较大影响力的品牌多数出自森林食品。早在2004年，我市就通过绿色食品协会、北药协会，注册了"小兴安岭大森林"、"林都北药"集体商标，开创了我省使用集体商标的先河，目前已有近百家企业200多种产品统一冠注使用集体商标，这为今后统一打造品牌奠定了良好基础。全市积极开展森林食品"三品一标"认证，有150余种产品获得有机食品认证，在认证数量和规模上居全省前列；伊春黑木耳，伊春红松籽等10种产品获得地理标志认证，目前市森林食品产业协会正在申报认证伊春蓝莓农产品地理标志登记认证，伊春森林食品在国内外市场具有良好的质量信誉。

（5）技术支撑体系初步形成。一是建立了产学研相结合的技术创新体系。与省内外的相关院校、科研院所建立了固定的合作关系，组建了以国家首席蓝莓专家李亚东教授为首的伊春市蓝莓产业专家团，以中国工程院院士、中国菌物学会理事长李玉为伊春食用菌产业专家团，并在决策咨询、成果转化、科技攻关、人才培养、科技交流等方面开展了有效合作；市林科院先后成立了原生态食用菌研究所、蓝莓产业研究所，开展野生食用菌、蓝莓品种筛选课题攻关；另外，我市还有带岭林科所、友好食用菌研究所等国营和民营科研机构。黑龙江越橘庄园生物科技有限公司引进德国酿酒专家，成立了小兴安岭山野果开发研究所，开发了蓝莓白兰地等多种填补国内空白的产品。二是建立了技术推广体系。在森林食品培训基地伊春林校、伊春技师学院举办森林食品专修班，并在五营、友好等地建立了实训基地，以"订单式"培训引导林业职工群众转入森林食品行业。每年全市举办各类森林食品培训班50期以上，培训学员5000多人次，食用菌小孔打眼、蓝莓人工栽培、五味子人工栽培、红松无性系繁殖、榛籽人工抚育、野猪人工饲养等技术得到广泛应用。通过专业人才的引进和培养、森林食品知识普及与应用，逐步形成了近万人的不同层次的森林食品技术队伍。三是开展了试验示范工作。今年，市农委与吉林农大合作，为我市提供10个蓝莓新品种，按我市南、中、北3个不同积温带，开展区域品种试验。正在选育出适合大面积推广种植的主栽品种。伊春林科院野生蓝莓品种的选育工作也正在进行。

四、伊春市森林食品及北药产业发展存在的主要问题

（1）产品初级粗放。伊春现有森林食品多是原产品和初加工产品，如蘑菇、木耳多是晾干后直接装袋，猴腿、黄瓜香等山野菜是以腌制、干制为主，"原字号"产品占总产量的80%以上，虽然北药发展比较快，但目前全市还没有一家像样的饮片厂，65%的药材作为原料药出售，本地加工转换只占35%左右，很多应该得到的加工利润流失了。产品研发能力低，人才匮乏，新产品研发资金不足，高科技产品少，仅占品种总数的4%。产品雷同，缺乏市场竞争力。目前伊春森林食品企业中有31家是野菜、野果、食用菌类的加工企业，产品大同小异。产业链条短，主体项目的延伸辐射不够，产业层次低。

（2）缺少大型具有拉动作用的龙头企业。伊春没有一家资产超亿元的森林食品企业，年产值超千万元的企业仅有12家。2012年，制药企业有247个批准文号，但是正常生产的品种只有几十个，80%品种没有生产。这些企业多数是作坊式企业，能够称得起局部龙头的很少，能够称为伊春龙头的企业更是凤毛麟角。一些已经具有较大规模的产业，如黑木耳，没有龙头企业牵动，严重影响产业实力的扩张和素质的提升。药材生产种类多，散户多，规模不够，主打品种少，没有总量优势；医药工业，虽有一定的生产能力，但企业规模有限，拉动力不强；产加销链条

结合不够紧密,制药企业所需的原料大部分要靠外进,而人工种植的药材在当地得不到消化,大部分以原料的形式在药材市场上出售。

(3) 形象品牌知名度不高。没有真正意义的森林食品品牌,对"小兴安岭大森林"集体商标宣传力度不够,市场知名度不高。现有品牌小而杂,虽然有一些铁力葵花药业、南岔格润药业这样的自主品牌,但没有形成规模优势。品牌宣传缺少整体策划,企业之间经常打乱仗,互相掣肘。由于没打出森林食品品牌,对森林食品的无污染、原产地、高营养、药食同源等特征宣传不到位,产品的市场价值还没有充分显现,没有真正实现特产特价。有的产品质量标准低,达不到市场准入的条件。产地市场建设严重滞后,从业者市场意识差,营销商和经纪人数量不足、素质不高,严重制约产业的市场化发展。

五、伊春市森林食品及北药产业发展存在问题的原因分析

(1) 认识高度不够。我市各地虽然生产了一些森林食品,但尚未真正树立森林食品的概念,还没有作为一个产业来对待。早在2003年中共中央、国务院《关于加快林业发展的决定》中就已经强调要发展森林食品,但许多领导同志思想不敏感,林业经营思想陈旧,对林木以外的其他资源开发利用没引起足够重视,没有把森林食品作为一个产业去谋划和部署,虽然从抓多种经营的角度也干了些事情,但也只是"随大流",别的地方抓什么自己就抓什么,什么项目热门就上什么,没有明确的思路和推进措施。

(2) 资源开发利用缺乏统筹规划。一是资源底数不清。伊春现有的森林动植物资源底数仍然是1989年的普查数据,而后一直没有开展这方面的调查。由于20年来木材采伐、气候变化、病虫危害、森林火灾等因素,资源状况变化很大。对现有野生动植物的分布、种群数量、生境状况底数不清,使野生动植物资源保护管理和开发利用缺乏可靠的依据。二是开发没规划。大部分县(市)区局没有划定野生药材资源保护区,存在着乱采、乱挖现象,造成一些野生药材资源逐年减少,个别品种还存在过度保护现象,造成资源的浪费,一些企业所需的药材原料难以收购。三是局部开发过度,总体利用不够。以山野菜、山野果为例,已开发利用的品种只占20%,采集量只占3%~4%,大量野生可食用资源沉睡于山中。

(3) 政策法规和组织体系不健全。缺乏对整个北药产业链的研究和规划,对森林食品产业也没有研究制定专门的政策,对诸如人才引进、基地建设、龙头企业发展、新产品开发等没有明确的扶持措施。科学研究基础薄弱,技术服务体系不适应产业发展要求。专业技术人才极度缺乏,各区、局技术推广机构不健全,检验检测体系没有建立,信息服务还没有实现全面覆盖。

(4) 机构设置不科学。目前,伊春还没有建立森林食品管理体系,过去这方面的职能包含在森工多种经营管理之中,而多种经营管理体系本来就十分薄弱。一

是市农委（林管局多种经营局）没有明确的森林食品管理职能，现有领导力量难以承担这项工作，现有科室难以适应工作需要，缺少工作人员难以完成工作任务。二是基层农委（多种经营科）对多种经营的管理范围只限于森工企业，而且这个职能已经相当弱化，专职管理人员十分缺乏，组织发展森林食品产业力不从心。三是铁力市、嘉荫县、伊春区、西林区的农委没有多种经营管理职能，森林食品管理工作就更谈不上。

六、加快伊春市森林食品及北药产业发展的举措

（1）抓好万亩榛子林建设。首先要对全市野生榛子分布的情况和宜林地情况进行调查。建立良种繁育基地，开发适于伊春林区栽培的榛子林优良品种；建立榛子林苗木繁育基地，为营造榛子林，发展林下经济提供优质壮苗。积极对上争取，力争将人工榛林建设纳入国家天保二期工程造林项目范围；把天然榛林改培纳入幼中龄林抚育或森林改培范围，获得国家资金的支持，推进平榛产业的快速发展。2012年2月，全市组织了考察团专程到辽宁省铁岭县学习考察榛子育苗、种植、加工等产业发展经验，为推进我市榛子产业发展提供借鉴。重点抓好乌伊岭万亩榛子林改培项目，争取尽快形成新的产业链条。

（2）升级食用菌产业。食用菌是伊春林下经济的主体。随着多年的培育，食用菌技术已经得到广泛推广。围绕"稳规模，调结构，抓质量，促增收"的基本目标，稳步扩大黑木耳生产规模，大力发展优质菇类生产，逐步形成"一强多优"的品种结构。发展食用菌产业要在巩固产量的基础上重点提升品质和附加值。要扎实推进食用菌产业素质提升行动，加快品种结构调整，全面提高产品质量。大力发展食用菌人工种植，稳定黑木耳栽培规模，积极发展香菇、金针菇、滑子菇等反季节菇类和白灵菇、杏鲍菇、姬松茸、猴头等珍稀菇类，组织好野生黑木耳、榛蘑、元蘑等菌类采集。鼓励发展现代化菌种、菌包厂，提高食用菌生产集约化水平。传统干货生产要提质升级、改进包装；发展食用菌鲜品和即食性产品；开发食用菌系列饮料、食用菌粉、配餐料等产品，培育相应的龙头企业。伊春黑木耳产量规模已经稳定，且多数林区职工和农民已经掌握黑木耳的栽培方法。但存在的突出问题是标准化不够。提升黑木耳质量和附加值，首先要走工厂化发展的路子，以林场或村屯为单位组建合作组织，实现统一接菌，相对集中摆放。要改变将菌袋散放于林下的传统栽培方法，采取大棚立体摆放，实现标准化生产。建设大型食用菌加工企业，实行产加销一条龙的全产业链经营模式。另外，伊春夏季气候凉爽，此时香菇的主产地南方炎热高温，不利于香菇生产。相比之下，伊春的"冷资源"就成了比较优势。同样耗材成本，香菇的产值相当于黑木耳的2倍以上。所以，调整食用菌结构，增加香菇栽培比例是提升食用菌产业的一个方向。

（3）做深动物食品与保健品产业。一是开展鹿、野猪、狍子等野兽和飞龙、

野鸭、野鸡等野禽的驯养，加快研究和推广人工繁育、饲养技术，同时在林下积极发展森林牛、猪、鸡、鸭、鹅等养殖。加强林蛙资源保护，加快养蛙基地建设。改良蜜蜂品种，加强蜜源植物保护和基地建设，提高蜂产品的产量和品质。以友好翔宇和鑫宇、铁力集佳牧业等现有屠宰加工企业为依托，大力发展各类精细分割的保鲜肉类制品。开发用兽禽肉类生产的灌制、腌腊、熏制等风味食品及罐头食品；开发保鲜野禽蛋、精制蜂蜜、蛙肉制品等产品，培育相应的龙头企业。二是大力发展人参、平贝、五味子、刺五加等药食兼用植物人工繁育，扩大鹿、林蛙、蜂等药食兼用动物养殖规模。以葵花药业集团铁力分公司为龙头，开发五味子系列保健产品；以乌马河鹿恩堂公司为龙头，开发鹿系列保健产品；以红星祥锋药业为龙头，开发平贝系列保健产品；以铁力四宝生物科技公司为龙头，开发林蛙系列保健产品；以桃山蜂格蜜业公司为龙头，开发蜂王浆、蜂花粉、蜂胶等产品。以现有制药企业为依托，选择食用菌、山野果、山野菜的大宗骨干产品，应用先进加工技术，提取各种营养及药效成分，生产系列功能性保健食品。三是加强矿泉水资源勘探和品质分析工作，开发富含不同矿物质和微量元素的矿泉水。加强对已开发利用水源的动态监测和保护，改进加工工艺，提高产品质量。整合现有矿泉水品牌，培育龙头企业，努力争取引进国内外知名品牌，拉动伊春矿泉水产业快速发展。

（4）重点发展以蓝莓为主小浆果产业。按照建设全国"四个最大"（即最大的苗木繁育基地、最大的蓝莓种植基地、最大蓝莓加工基地、最大的蓝莓销售市场）的工作目标，积极招商引资增加蓝莓产业投入，2012年新增种植面积2万亩，总面积达到3万亩；继续抓好五营九天公司、朗乡营林中心两处蓝莓组繁育基地建设，育苗能力达到4000万株；培植壮大升辉、忠芝、双蓝等龙头加工企业，同步推进蓝莓深加工和销售网络建设，尽快形成从初级生产向高端加工的完整产业链条，产成品加工能力达到5万吨。由于野果其生长在森林环境内，远离花肥、农药，是天然的有机食品。其巨大的营养价值正在得到广泛认可。开发森林食品必须以野生资源的保护为前提。对笃斯越橘、蓝靛果、山葡萄、狗枣、猕猴桃、山丁子、山梨等野生浆果、仁果实行保护性采集，加快种苗和繁育基地建设，落实管护承包措施，扩大沙棘、黑豆果、树莓、草莓等引进品种生产基地规模，不断提高原料产量。野生浆果主要用于开发高档果酒、饮品，减少乃至取消低档产品生产。以兴安红酒业为龙头，大力发展果酒类高端产品。开发高档浓缩果汁、果肉原汁、果脯、果冻、风味糖果等系列产品，培育相应的龙头企业。做好红松子、榛子、山核桃等野生坚果保护性采集工作，大力推广坚果经济林人工丰产技术，缩短结实时间，提高单位面积产量。对野生蕨菜、猴腿、刺嫩芽、黄瓜香、刺五加叶等实行保护性采集，加快建设刺嫩芽、刺五加种苗和改培基地，扩大蒲公英、老山芹、黄花菜等人工种植面积。在传统盐渍、清水保鲜产品的基础上，开发速冻系列产品；开发即食系列产品；积极引进和培育加工生产切割净菜、脱水菜、冻干菜、腌酱菜、各种菜汁、软硬包装罐头、野菜粉等产品的精深加工企业。

（5）夯实壮大北药业。继续推进GAP北药生产基地和地理标志产品认证，扩大规模、规范标准，提高档次和水平，积极扩大药食兼用品种种植面积，大力发展林下参、五味子、串地龙、刺五加等药食兼用品种。一是生产上突出重点，规模推进。伊春北药资源丰富，已开发利用的就达20多种，目前绝大多数属于小规模种植开发。即使人参、平贝、五味子、水飞蓟等几个成规模的品种，在国内市场上也没能形成足够分量的拳头产品。要形成规模效益，夯实产业化基础，就要明确主攻方向，突出重点项目，抓大放小，打破目前"小而散"的生产格局。坚持围绕国内市场销量和价格走势，围绕伊春的资源优势和产业基础，围绕市内制药企业的原料需求，确定主打品种，重点扶持，规模推进。综合以上因素，近期伊春北药开发的基本原则应是"主打平贝，稳定五味，保住人参，严管'稀贵'，积极发展适销对路品种"。二是加工上扶持龙头，产业化推进。虽然伊春现有7家制药企业，数量上可谓不少，但龙头作用发挥得并不尽人意，突出表现是所用地产药材比例很小，尚未形成"带基地、连市场"的效果。对此，一方面围绕企业所需药材组织生产，扩大生产规模和产量，以保证原材料供给，实现地产药材就地加工增值。另一方面引导支持制药企业，结合市场需求和地产药材资源上项目，实现生产、加工、销售的有效对接，进而加速北药的产业化进程。三是政策、服务上加强扶持。要从根本上改变伊春北药经营"散而乱"的被动局面，应抓紧组织专业协会，承担起药材从生产到销售各个环节的服务职能，在种子和生资采购、生产和技术标准、销售及订价等各方面实现统一服务，有效维护和保障广大药农的切身利益，减少销售环节的利润流失。对那些不作为的要进行调整或重组，选择那些热爱服务工作，懂经营会管理，善于掌握药材信息，具备一定组织能力的个体大户或企业负责人牵头，把生产、经营者组织起来，通过保本微利或入股合作等经营方式，形成利益同共体，担当政府与药农之间的纽带桥梁，承担起药材生产、运输、加工、销售各环节服务工作。对当地规模较大的药材品种，如嘉荫的水飞蓟、红星的平贝、双丰的五味子、桃山的人参等还要成立或保留专业协会。政府和企业要对各专业协会予以必要的扶持，保证其正常开展工作，发挥应有的服务功能。

参 考 文 献

1. 伊春市农业委员会编：《发展森林食品产业研究报告》2009年版。
2. 伊春市农业委员会编：《伊春市森林食品产业发展情况汇报》2012年3月。
3. 伊春市政府研究室：《伊春情况介绍》2012年6月。
4. 《伊春市人民政府关于大力发展森林食品产业的意见》。
5. 《伊春市2009～2010年度食用菌生产技术推广指导意见》。
6. 汤吉军、宋冬林：《资源枯竭地区经济转型和可持续发展研究》，经济科学出版社2012年版。

Forest Food and North Pharmacy Industry Development Research in Yichun City

Zhao Hongyan Zhang Zhuang

(Party School of CPC Yichun City, Yichun Heilongjiang 153000, China)

Abstract: Forest food northern pharmaceutical is one of the three major engine industry in the economic development of Yichun city. At present, the forest food processing enterprises in Yichun with annual sales of 5000000 yuan are more than 38 enterprises, although the plants are many, but not many large enterprises, there exists the problem of lack of sophisticated products and not prominent brand image. In the face of the present situation of forest food and pharmacy industry, the next step is to improve the mushroom industry, strong northern pharmaceutical fields.

Key Words: Forest Food; Northern Pharmacy; Industry Development

JEL Classifiction: Q23 R11

〔文献综述〕

我国产业结构影响因素与经济绩效最新文献：一个综述[*]

郭广珍

（复旦大学经济学院　上海　200433）

内容摘要：研究产业结构相关文献的视角很多，我们认为对产业结构的影响因素分析是研究的起点，而对产业结构影响结果的分析则是研究的目的。鉴于产业结构的动态性和时效性，我们对 2012 年国内的相关研究从产业结构的影响因素和影响结果两个方面进行了综述和比较，并梳理了 2012 年国内的重大产业政策。在文章的最后，我们还做了简单评价。

关键词：产业结构；产业政策；市场；政府

一、引　言

产业结构是现代经济运行中的一个重要变量，而且在后发国家的经济发展中起着不可替代的作用，也是政府影响经济的重要途径。产业结构的发展有其内在规律性，一般表现为国民经济由第一产业占主导地位向第二产业占主导地位演变，即工业化进程；在经济发展的不同阶段，产业结构需要进行相应的调整，也就是说，产业结构是不断变化的。而且，和西方完全自由的市场经济国家不同，中国乃至整个东亚地区的产业结构并不是完全由市场行为自主演化而成的，在产业结构的形成过程中，很多因素特别是政府起着重要的推动作用。本文意在通过对国内最新研究文献的梳理，发现学术研究的研究成果和不足。

从研究方法上看，除了比较普遍的理论是实证研究方法之外，相对特殊的研究方法主要体现在以下几个方面：

---

[*] 本文是国家自然科学基金项目（批准号 71203035）；教育部人文社会科学青年基金项目（批准号 12YJC790046）；中国博士后科学基金第五批特别资助（批准号 2012T50363）；第五十批博士后基金面上项目（批准号 2011M500710）和辽宁省教育厅科学研究一般项目（批准号 W2013004）的阶段性成果。
　　郭广珍（1978～　），男，山东东平人，辽宁大学经济学院副教授，经济学博士，复旦大学经济学院理论经济学博士后，主要从事新制度经济学研究。

可计算一般均衡（CGE）模型在国际研究领域已经比较普遍，而国内使用该方法的研究还相对较少，张同斌和高铁梅（2012）建了高新技术产业的（CGE）模型，考察了财政激励政策和税收优惠政策对高新技术产业发展进而对产业结构调整的影响。

"反事实实验"（counterfactual experiment）可以分为三步：第一步，假定在基准模型中引入印度三大产业劳动生产率的真实时间路径，利用 Matlab 程序求解估算出印度各产业劳动力就业份额和中印总劳动生产率比率的时间路径，并将其与印度各产业劳动力份额、中印总劳动生产率比率的真实时间路径进行比较；第二步，假定在第一步的基础上再引入中印两国的劳动力流动壁垒实际参数，然后重复第一步的估算；这两步可以回答第一个问题。第三步，假定在基准模型中只引入印度的一个或两个产业劳动生产率的真实时间路径，然后再估算出中印总劳动生产率比率的时间路径，并与该指标的真实时间路径对比。杨天宇和刘贺贺（2012）则利用该方法，检验了中国和印度劳动生产率差异的影响因素。

谢康等基于趋同理论模型构建工业化与信息化融合理论模型，借鉴随机前沿分析中关于技术效率测度的思想，结合王维国（2012）协调发展系数判断方法，提出工业化与信息化融合水平的测度方法。李娜和王飞采（2012）用可比价投入产出表，运用 DPG 分析方法，对中国 1992~2005 年主导产业的演变及其原因进行实证研究，主要侧重于对主导产业演变的结构性偏差的定量计算以及因素分解研究。

可以看出，经过长时间的研究，学术界积累了大量的相关文献，研究的视角也是多方面的，在实际应用方面，目前我国正在积极推动产业升级，并推出了相关的配套政策。然而，我们认为要想正确理解产业结构在经济活动中的作用，应该从两方面着手，第一，什么因素影响了产业结构的变迁，进而推动了产业升级；第二，产业结构的变动产生了什么影响。下面，我们将从这两个方面入手，对国内最新的相关研究进行梳理和分析。

二、产业结构影响因素分析：产业结构作为被解释变量

影响产业结构及其变动的原因是多样的，2012 年国内将研究的焦点集中到了如下几个方面：

（一）产业政策对产业结构的影响

产业政策无疑是影响产业结构的最重要因素，所以其作用无论如何强调都不过分。而且，要对这一问题进行研究，特定国家的产业政策显然是分析和研究的基础，基于这种考虑，我们对中国 2012 年重大产业政策进行了梳理。

1. 关于产业政策的理论讨论

世界银行（1995）在《东亚的奇迹》中曾为产业政策下了一个笼统的定义：产业政策是政府为了其全局和长远利益而主动干预产业活动的各种政策的总称，并认为产业政策在东亚经济发展中起着不可替代的作用。《现代日本经济事典》（1982）将产业政策定义为：产业政策是指国家或政府通过对全产业的保护、扶持、调整和完善，积极或消极参与某个产业或企业的生产、经营、交易活动，以及直接或间接干预商品、服务、金融等的市场形成和市场机制的政策的总称。从国内研究来看，《经济大辞典》（1992）把产业政策解释为指示产业发展方向、规划产业发展目标、调整各个产业之间相互关系及其结构变化的措施和手段的总和，是整个经济政策体系的一个重要组成部分。

近年来，很多经济学家都在探讨东亚和拉美、东欧国家及地区经济发展差异的原因，尽管他们从不同侧面给予了一定解释，但如果从19世纪的美国在以亨利·凯里为代表的美国学派所倡导政策下发展起来的历史中就会得到很多昭示。19世纪美国经济的发展，不仅孕育了一个与"英国体系"相对立的、完整的"美国体系"理论，而且为后来欠发达国家的发展提供了有效的产业政策。作为该理论完成者亨利·凯里为欠发达国家通过贸易保护和国家干预来发展经济提供了理论基础，同时，强调了国家内部产业协调发展的重要作用（束克东，2012）。

发展型国家理论是解释20世纪60、70年代发生在东北亚地区（特指日本、韩国和中国台湾地区）经济奇迹的重要思想，它所强调的政府有效干预经济的模式让人们开始重新思考政府与市场的关系。由发展型国家理论衍生出的发展型政府具有"强政府，优先发展经济和自主英明制定产业政策"等三个基本构成要素特征。例如，日韩两国在较短的时间里实现了产业结构升级，呈现出"三二一"型结构。虽然不同时期两国产业政策也存在许多问题，但合理化、高级化的总体发展趋向使其成为产业结构升级的典范（张文玺，2012）。而且现在的韩国政府，无论是金永三政府，还是金大中、卢武铉和李明博等历届政府，还在制定相关产业的发展政策。除了经济行业，他们还制定文化产业政策，而且直接导致了韩国文化产业政策经历了以规制为中心向支援为中心的转变（向勇和权基永，2012）。

然而，夏能礼和许焰妮（2012）却通过将日本、韩国、中国台湾这三个国家或地区当时的实际情况与发展型政府三个特征比对进行检验，得出完全符合这三个基本特征的发展型政府在东亚国家和地区的历史现实中是不存在的结论。

当然，我们国家目前还处于如何更好地分析产业政策及发挥更好作用的阶段，例如，如何更利于产业融合的发生。严奇春与和金生（2012）就通过静态的产业层次的融合分析和动态的融合过程分析，对产业融合形式进行了探讨。他们认为，从产业层次角度，可以把产业融合分为基础设施层、业务层、服务界面层、市场层与管制层五个层面的融合；同时，结合产业发展周期理论，可以把产业融合过程分为初创期、发展期、成熟期和衰退期四个阶段。孙军、高彦彦（2012）研究发现，产业结构演变过程可以用螺旋式上升模型表示,传统产业经过技术改造可以形成战略性新兴产业,而新兴产业的培育可以为传统产业升级提供支撑,这两者呈现出螺旋式上升趋势。他们进一步指出,产业结构螺旋式上升的关键在于发挥比较优势:政府应该在遵循比较优势的基础上制定相关的保护或扶持新兴产业政策,忽视这一点将会使战略性新兴产业培育和传统产业升级陷入困境,最终将会偏离产业升级的初衷。

不过,张军(2012)也指出,在我国地区差异大且多态的发展阶段,依靠"自上而下"地推行产业政策的办法来实行整齐划一的产业升级是难以成功的,应该继续允许和鼓励地方试验和创新。如果存在着"中国模式",那么中国的模式就不止一个。

2012年,也有学者从不同角度,对产业政策和产业结构的研究问题进行了总结。孟昌(2012)在对以往的产业结构研究进行评述后,将讨论的焦点集中到资源环境约束对区域产业结构研究取向上。李郇和殷江滨(2012)通过对国外区域一体化对参与方的产业带来的影响进行综述,集中探讨区域一体化下的产业结构变化、产业空间变化以及由此产生的经济增长效应。

而林毅夫(2012)在其提出的新结构经济学中,既反思发展经济学和结构主义中关于华盛顿共识的不足与教训,也总结了东亚、拉美与南欧等国家与地区发展的经验,中国、越南等双轨制国家的经验,以及世界银行对发展经验的总结。他认为应该由政府解决外部性与协调性问题,最终实现产业结构不断升级

2. 2012年中国重大产业政策文件

2012年中国的产业政策主要集中在继续落实《国民经济和社会发展第十二个五年规划纲要》和《工业转型升级规划(2011~2015年)》。

(1)全局性政策文件。

2012年6月到7月间,国务院相继印发了《"十二五"国家战略性新兴产业发展规划》,该《规划》分背景,指导思想、基本原则和发展目标,重点发展方向和主要任务,重大工程,政策措施,组织实施6部分。提出了"战略性新兴产业规模年均增长率保持在20%以上,到2015年,战略性新兴产业增加值占国内生产总值比重达到8%左右"的目标,明确了节能环保、新一代信息技术、生物、高端装备制造、新能源、新材料、新能源汽车等7大战略性新兴产业领域的重点发展方向和主要任务,提出了重大节能技术与装备产业化工程、宽带中国工程、蛋白类等生物药物和疫苗工程、航空装备工程、新能源集成应用工程、关键材料升级换代工程、新能源汽车工程等二十项重大工程,并从加大财税金融政策扶持、完善技术创新和人才政策、营造良好的市场环境、加快推进重点领域和关键环节改革等方面提出了政策措施。

2012年7月26日,工业和信息化部公告发布了《产业转移指导目录(2012年本)》(以下简称《转移目录》)。《转移目录》着力推进现有产能的布局调整和优

化，主要对15个传统行业提出了转移的方向和重点，并与《全国主体功能区规划》、国家出台的区域规划和区域政策文件及《工业转型升级规划（2011~2015年)》进行了很好的衔接。一是针对国家区域战略确定的东北、东部、中部和西部四大区域，分别明确了发展方向；二是按照省（区、市）分行业提出承接发展的重点，并明确落实到具体的产业带或产业园区（集聚区）。整个目录定位合理、信息丰富，对区域经济发展实施分类指导、特色突出。

（2）行业发展规划政策和文件。

2012年1月12日，国家发改委与工业信息化部联合发布《食品工业"十二五"发展规划》，并预测到2015年食品工业总产值将达12.3万亿元，年均增长15%，利税年均增长12%。"十二五"期间，中国食品质量抽检合格率目标则从2010年的94.6%提高到97%以上。

2012年1月31日，工信部发布的《有色金属工业"十二五"发展规划》提出，"十二五"期间，有色金属工业增加值年均增速达到10%，单位工业增加值能耗降低10%，单位工业增加值二氧化碳排放量降低18%。

2012年2月3日，工信部全文发布《石化和化学工业"十二五"发展规划》，内容包括石油化工、天然气化工、煤化工、盐化工和生物化工等。配套发布《烯烃工业"十二五"发展规划》、《危险化学品"十二五"发展布局规划》、《化肥工业"十二五"发展规划》和《农药工业"十二五"发展规划》4个子规划。

2012年2月3日，工业和信息化部发布了《石化和化学工业"十二五"发展规划》，"十二五"期间，全行业经济总量继续保持稳步增长，总产值年均增长13%左右。

2012年2月9日，工业和信息化部正式发布了《船舶工业"十二五"发展规划》。发展目标为：2015年船舶工业销售收入达到12000亿元，出口总额超过800亿美元。中国船舶工业产业体系更为完善，产业结构更趋合理，创新能力和产业综合素质显著提升，国际造船市场份额稳居世界前列，成为世界造船强国。

2012年2月16日，针对蔬菜产业发展还存在市场价格波动大、产品质量不稳定等突出问题，国家发展改革委、农业部会同商务部、水利部、财政部、国土资源部、统计局等部门联合编制的《全国蔬菜产业发展规划（2011~2020年)》。该规划明确了我国蔬菜产业发展的指导思想、基本原则和发展目标，规划了生产区域布局，提出了发展生产、流通和质量安全建设方面的重点任务，强化了保障措施。

2012年2月22日，工业和信息化部发布《新材料产业"十二五"发展规划》，规划提出，到2015年我国新材料产业总产值达2万亿元，年均增长率超过25%，推广30个重点新材料品种，实施若干示范推广应用工程。

2012年2月24日获悉，工业和信息化部印发了《太阳能光伏产业"十二五"发展规划》。该规划提出，"十二五"期间，光伏产业保持平稳较快增长，多晶硅、太阳能电池等产品适应国家可再生能源发展规划确定的装机容量要求，同时积极满足国际市场发展需要。支持骨干企业做优做强，到2015年形成：多晶硅领先企业达到 5 万吨级，骨干企业达到万吨级水平；太阳能电池领先企业达到 5GW 级，骨干企业达到 GW 级水平；1 家年销售收入过千亿元的光伏企业，3~5 家年销售收入过 500 亿元的光伏企业；3~4 家年销售收入过 10 亿元的光伏专用设备企业。

2012 年 3 月 12 日，工信部近日公告的《船舶工业"十二五"发展规划》，该规划提出，到 2015 年，中国船舶工业产业体系更为完善，产业结构更趋合理，创新能力和产业综合素质显著提升，国际造船市场份额稳居世界前列，成为世界造船强国。

2012 年 3 月 13 日国家发改委、财政厅、国土资源厅和能源局联合发布了《页岩气发展规划（2011~2015 年）》。到 2015 年基本完成全国页岩气资源潜力调查与评价，要掌握页岩气资源潜力与分布，优选一批页岩气远景区和有利目标区，建成 19 个页岩气勘探开发区，初步实现规模化生产；页岩气勘探开发关键技术攻关取得重大进展，主要装备实现自主化生产，形成一系列国家级页岩气技术标准和规范，建立完善的页岩气产业政策体系，并首次公布了我国页岩气产量目标，即 2015 年产量达到 65 亿立方米/年。

2012 年 5 月 4 日，工业和信息化部制定了《互联网行业"十二五"发展规划》和《通信业"十二五"发展规划》以及《宽带网络基础设施"十二五"规划》、《国际通信"十二五"发展规划》、《电信网码号和互联网域名、IP 地址资源"十二五"规划》3 个子规划。明确了十二五时期中国互联网发展的目标和任务，要求实施宽带中国战略，综合利用光纤接入和宽带无线移动通信等手段，加速网络宽带化进程。

2012 年 6 月 4 日，商务部制定了《机电和高新技术产品进出口"十二五"发展规划》，确立了"十二五"时期机电和高新技术产品进出口的指导思想、基本原则、主要目标及重点任务。

2012 年 7 月 9 日，国务院正式发布《节能与新能源汽车产业发展规划》，该规划称新能源汽车产业发展将以纯电驱动为新能源汽车发展和汽车工业转型的主要战略取向，当前重点推进纯电动汽车和插电式混合动力汽车产业化。此外，规划还对新能源汽车产业发展目标做出了具体要求，首先，在销量上，到 2015 年，纯电动汽车和插电式混合动力汽车累计产销量力争达到 50 万辆；到 2020 年，纯电动汽车和插电式混合动力汽车生产能力达 200 万辆、累计产销量超过 500 万辆。再者，在电动车里程上，到 2015 年，纯电动乘用车、插电式混合动力乘用车最高车速不低于 100 公里/小时，纯电驱动模式下综合工况续驶里程分别不低于 150 公里和 50 公里。最后，在电动车节油性能上，到 2015 年，当年生产的乘用车平均燃料消耗量降至 6.9 升/百公里，节能型乘用车燃料消耗量降至 5.9 升/百公里以下。

2012 年 7 月 12 日，为落实《文化部"十二五"时期文化改革发展规划》，文化部正式对外发布《"十二五"时期国家动漫产业发展规划》，这是我国动漫产业首次进行单列规划。明确，"十二五"期间我国将着力打造 5 至 10 个知名国产动漫品牌和骨干动漫企业，同时完善动漫产业融资政策，鼓励各类资本投入动漫产业。

2012年8月27日，为推进再生铅行业规范、健康发展，提高资源综合利用率和节能环保水平，促进产业优化升级，工业和信息化部、环境保护部联合制定了《再生铅行业准入条件》。2012年9月17日，国务院批准了由中国人民银行、中国银行业监督管理委员会、中国证券监督管理委员会、中国保险监督管理委员会、国家外汇管理局共同编制的《金融业发展和改革"十二五"规划》。该规划提出"十二五"时期我国要全面发展金融服务业，"十二五"时期，金融服务业增加值占国内生产总值比重保持在5%左右，社会融资规模保持适度增长；金融结构调整取得明显进展。到"十二五"期末，非金融企业直接融资占社会融资规模比重提高至15%以上。在此目标下，资本市场改革也将进一步向纵深推进。

2012年10月23日，财政部发布《中国资产评估行业发展规划》，提出力争用5年左右时间，重点培育5家左右年收入超过10亿元、20家左右年收入超过5亿元的特大型资产评估机构。该规划指出，资产评估行业要适应完善社会主义市场经济体制和转变发展方式的要求，熟悉和掌握股票、债券、基金、期货等现代金融业务，为深化国有企业改革，健全国有资本有进有退、合理流动机制，实现国有经济战略性调整，促进国民经济重点产业结构调整和转型升级，优化产业布局等提供全方位服务。同时，财政部门要规范资产评估机构审批，强化资产评估行业监管，为行业加快发展创造良好环境。规划还明确一系列发展目标，包括着力推动资产评估立法工作，加强资产评估相关配套制度建设；力争实现资产评估行业传统业务收入年递增20%以上，全部收入300亿元的目标；积极扶持50家左右年收入超过1亿元的大型资产评估机构。

（3）行业准入条件。

2012年6月13日，为了有效地规范和管理葡萄酒行业的健康发展，工业和信息化部公布2012年第22号文《葡萄酒行业准入条件》。

2012年7月26日，为有效保护稀土资源和生态环境，推动稀土产业结构调整和升级，规范生产经营秩序，促进稀土行业持续健康发展，根据《国务院关于促进稀土行业持续健康发展的若干意见》等要求，工业和信息化部会同有关部门制定了《稀土行业准入条件》。

2012年9月27日，工业和信息化部对《玻璃纤维行业准入条件》（国家发展和改革委员会2007年第3号公告）进行了修订。

2012年12月21日，为促进合成氨行业结构优化和产业升级，规范市场竞争秩序，依据国家有关法律法规和产业政策要求，按照"总量平衡、优化存量、节约能（资）源、保护环境、合理布局"的可持续发展原则，国家工业和信息化部发布《合成氨行业准入条件》。《准入条件》明确规定，原则上不得新建以天然气和无烟块煤为原料的合成氨装置（按照区域规划搬迁、综合利用项目除外）。3年内，煤炭调入省区原则上不得新建合成氨产能（以高硫煤为原料除外）。引导东部地区合成氨生产装置有序转移，在西部地区煤炭产地，按照煤化电热一体多联产模式,建设大型煤制合成氨基地。新建项目须符合国家产业政策及有关政策规定。

3. 相关产业政策对产业结构的影响

产业政策和经济增长之间存在密切联系,雷茁和雷娜(2012)通过我国产业政策与经济增长的结构分析,证实了我国产业政策发展存在三个阶段,证明了产业政策通过改变产业结构从而影响经济增长。通过产业结构偏离度、排放系数和产业人均收入指标的研究,表明我国结构调整需要寻找合理的平衡,得出了产业政策和经济增长是相辅相成、不可分割的一体两面的结论。然而,这种产业政策的影响结构也不一定都和政策制定者的预期一致,何记东和史忠良(2012)的研究就发现,在产能过剩的条件下企业仍然继续扩张的主要原因在于,产业政策对企业生产规模的限定起了反向激励作用,使企业规模不断扩张,从而使产能过剩不断加大。而政府扶持在北京动漫产业的集聚过程中起着重要的作用,然而政策制定的初衷与实施的实际效果之间却出现了偏差。作为园区最基本组成单位,动漫企业对于政策的有效性与针对性有着最为切实的感受。通过访谈,发现产业政策在体系性、周延性以及针对性上的错位(刘斌,2012)。

作为一项具体的政策,税收政策一直对产业结构变动发挥着显著的,甚至是不可替代的作用。税收政策作为一种重要的宏观经济调控工具,对培育和发展战略性新兴产业具有积极作用,可以推动我国产业结构和经济结构的重大调整。柳光强和田文宠(2012)从税收政策影响产业发展的理论依据和影响机理出发,考察了近年来税收政策影响产业发展的实际效果。但是,他们仅仅一高新技术产业做了简单分析,发现在新的《企业所得税法》出台后,税收政策由区域性税收优惠转向行业性税收优惠,在企业所得税方面对经认定的高新技术企业均减按 15% 的税率征收,促进了高新技术企业的迅速发展,其在国民生产总值中所占比重快速提高,不到十年的时间,高技术产业增加值占 GDP 的比重翻了一倍。

张同斌和高铁梅(2012)通过构建高新技术产业的可计算一般均衡(CGE)模型,考察了财政激励政策和税收优惠政策对高新技术产业发展进而对产业结构调整的影响。结果显示,财政激励政策比税收优惠政策能够更加有效地促进高新技术产业的产出增长。财税政策的激励作用对于高新技术产业增加值率的提高和内部结构的优化都具有积极影响,并且税收优惠政策的效果更为显著。并发现,在高新技术产业产出增长方面,财政激励政策比税收优惠政策能够更加有效地促进高新技术产业的增加值增长。

当然,在制定产业政策的时候一定要考虑到具体产业结构的现状。欧美次贷危机之后,全球产业结构调整出现了新动向。从国际经济发展及产业调整的大趋势和大格局看,主要新动向是:产业形态从虚拟经济向实体经济调整;发达国家的三次产业从过度服务业化向制造业回归调整;产业组织结构从大型企业化向发展中小企业调整;产业的要素结构从过去追求技术资本密集型向重视劳动密集型调整。近年来,台湾地区高科技产业的发展遭遇困境,主要表现在新一代主导产业成长乏力、高科技产业竞争力下降、代工模式陷入僵局三方面。而这些表象的背后则是当局僵化的高科技产业政策、知识产权制度漏洞以及产业本身的结构性问题等内在制约因素（李非和张路阳，2012）。在这种情况下，周天勇和张弥（2012）认为，中国需要积极应对国际产业结构的变动，积极调整和合理布局产业结构。中国未来产业发展的战略是，完成第一次工业化，积极发展第三产业并使其占主导地位；调整产业结构，与世界总体产业格局实现合理的分工、协作和循环。

（二）公共基础投入的影响

公共支出对于经济运行效率的影响是非常显著的，而且相关研究也从不同角度对此进行了证实。石奇和孔群喜（2012）将政府生产性公共支出定义为财政基本建设支出、财政教育支出和财政科研支出，并研究了其对三次产业的生产要素积累所产生的影响。他们发现：在结构效应为正的条件下，当期公共支出的增加能够影响资本和劳动在三次产业之间，以及三次产业内部不同行业之间的要素积累方式，起到改善经济结构、优化资源配置的作用。据此，他们认为，我国经济的投资拉动型增长方式及与之相伴随的公共品供给机制，通过"租金"创造机制诱导特定产业的发展，从而能够提升产业结构，促进资源和生产要素的优化配置，符合赶超型经济的目标要求。张志和周浩（2012）则利用1998~2008年中国省级面板数据，在模型中加入不同经济意义空间权重矩阵的基础上，分析了我国交通基础设施的空间溢出效应。研究发现，我国交通基础设施的空间溢出效应更多地通过经济联系发生作用。交通基础设施对第二产业的空间溢出大于对第三产业的空间溢出，基于产业结构的空间溢出大于基于市场规模的空间溢出。

（三）国际因素的影响

随着中国对外开放程度的扩大，国际市场对国内经济行为，进而产业结构的变动产生了重大影响，外商直接投资显然是非常重要的一个因素。张琴（2012）选取1983~2007年外商投资数据，实证分析了国际产业转移对我国产业结构的影响。结果表明，我国利用外商直接投资越多，第二、第三产业在国民经济中的比重会不断提高；外商直接投资比间接投资对第二、三产业的影响更为显著；注重外资引进对我国产业结构优化具有重要意义，为此需要进一步改善承接环境，实现利用外资产业政策的转型。李文秀（2012）从服务业FDI的影响因素出发，基于中国1991~2009年服务业FDI数据和服务业集聚指标，探讨服务业FDI和服务业集聚之间的内生互动机理。研究发现，服务业的集聚性优势已经成为东道国吸引服务业FDI的主要原因，但服务业FDI并不一定能够诱发服务业集聚区的形成和发展。聂爱云和陆长平（2012）则应用1985~2004年省际面板数据，采用双向固定效应模型对FDI与产业结构调整的关系进行了实证检验。结果发现：FDI增加有助于提升第三产业在经济中的比重,降低第二产业比重,总体上有利于产业结构优化升级,并且 FDI 的产业结构调整效应呈边际递减规律(倒 U 型走势)。

汇率对产业结构的影响也是不可忽视的,因为汇率是贸易部门和非贸易部门之间的相对价格,人民币升值会引导更多资源流向非贸易品部门,促进我国服务业的发展和产业结构的优化调整,有利于改善我国目前相对失衡的经济结构,缓解经济增长过度依赖出口和投资的现象。谭小芬和姜娜娜(2012)从巴拉萨—萨缪尔森命题出发,探讨汇率变化对产业结构的影响机制和渠道,然后基于我国 1997~2010 年的季度数据,运用 VAR 模型、误差修正模型和脉冲响应方法,对实际有效汇率和第二、第三产业比重,外商直接投资额进行实证检验,发现人民币实际有效汇率对我国产业结构的调整具有显著的影响。张捷和周雷(2012)采用 20 世纪 80 年代陆续进入工业化成熟期的 15 个新兴工业化国家的跨国面板数据进行了实证检验,发现这些新兴工业化国家在产业结构向服务经济转型的同时,制造业的比较优势和外贸依存度却出现了下降趋势,国内最终消费占比呈现上升趋势。另外,马颖等(2012)的研究发现经济增长不利于劳动密集型产业的发展,同时劳动密集型产业的发展也不利于经济增长;但贸易开放促进经济增长的同时阻碍了劳动密集型产业的发展。

(四) 金融集聚的影响

孙晶和李涵硕(2012)通过引入区位熵从银行、证券、保险三个方面分析了 31 个省市地区的金融集聚程度,然后利用 2003~2007 年省际面板数据借助时刻个体固定效应模型检验了金融集聚对产业结构升级的贡献度,发现金融集聚对我国东、中、西部的产业结构升级都具有明显的促进作用,并且呈逐年上升趋势,同时银行业对产业结构的升级贡献度明显大于证券、保险业。陈斌开和林毅夫(2012)分析了金融抑制产生的机制,发现政府发展战略是造成金融抑制背后的根本原因:为支持违背本国比较优势的资本密集型产业的发展。

(五) 产业关联性的影响

刘佳和朱桂龙(2012)利用我国 2007 年投入产出基本流量表,运用投入产出的现代数量经济分析方法,计算出我国 42 个部门产业影响力系数和感应度系数,对其产业关联情况进行分析得出应该重点发展的主导产业,并与 2002 年进行对比研究,同时对第二、三产业某个部门对我国经济发展的带动作用和我国经济发展对其的需求程度进行判断,揭示产业结构的变迁趋势和存在问题。

刘明宇和芮明杰(2012)建立了一个价值网络分工深化模型,认为发展中国家和发达国家的不同分工水平是产生瀑布效应的根本原因。发展中国家要突破瀑布效应实现产业结构优化,必须通过产业链、供应链和价值链重组建立自主发展型的价值网络，推进分工深化，才能摆脱价值链被俘获的处境，掌握产业结构优化的主导权。

（六）其他因素的影响

谢康等（2012）认为中国工业化与信息化融合可显著减少第一产业的产值比重，促使第一产业向第二或第三产业转移；融合可减少单位地区生产总值电力消费和能源消耗，但这种影响很小，不具有统计显著性。

张文和郭苑（2012）基于中国1978~2010年经验数据的实证研究表明，改革开放以来，中国的城乡居民收入差距系数与三次产业就业结构偏离度之间存在协整关系和格兰杰因果关系，即城乡收入差距演化与就业结构转化存在长期稳定的反向均衡关系和一定的因果关系。

潘辉（2012）则指出碳关税的推出将对我国当前出口贸易形成严峻的挑战，长期看将有利于我国市场结构、产业结构和出口结构的改善。

三、产业结构影响后果分析解释变量：产业结构作为解释变量

众所周知，我们之所以调整产业结构主要是为了促进经济发展和社会进步，然而作为一个重要的经济变量，它对其他经济行为的影响则是多方面的。

（一）对收入的影响

居民收入的提高显然是经济结构调整的最终目的，闫肃（2012）根据国家统计局发布的城乡居民人均可支配收入数据，测算了1978~2009年我国城乡居民收入占GDP的比重，并结合同时期我国产业结构变迁、劳动力产业分布等数据，通过VAR模型进行了实证研究，发现劳动力转移和产业结构变迁均是居民收入份额下降的主要原因，而劳动力转移的短期效应更为显著。张磊和石涛（2012）产业间变动效应和产业内变动效应都是影响中国劳动报酬份额变动的重要因素，前者代表了工业化进程推动的产业结构变迁对中国劳动报酬份额的影响，后者则代表了产业结构调整中资本替代劳动对中国劳动报酬占比的影响。

另外，产业结构不仅影响微观行为人的收入，同样也对政府收入产生影响。王克强等（2012）利用1995~2008年中国省际面板数据的分析发现，第二、三产业比重的增加会导致土地财政规模的扩大；同时，产业结构制约着多个变量对土地财政收入的影响程度，存在明显的阈值效应。总体来看，在农业产值占比适中的地区，各个变量对土地财政收入的影响更大。

通货膨胀是我们分析实际收入水平的一个重要因素，而产业结构也对其产生了重要影响。潘敏和缪海斌（2012）将通货膨胀缺口作为通货膨胀持久性的替代变量，采用新凯恩斯混合菲利普斯曲线模型对1996~2010年间中国通货膨胀的持久性特征进行了考察，并运用Blanchard-Quah结构分解方法分析了产业结构调整对通货膨胀缺口持久性的影响。结果表明，第一和第二产业的发展弱化了通货膨胀缺口持久性，第一产业的作用更为显著，而第三产业则强化了通货膨胀缺口持久性。各产业结构变化对通货膨胀缺口持久性的冲击力度大小分别为第一、三、二产业，进而认为，治理通货膨胀必须考虑产业结构调整因素的影响。

（二）对生产率增长的影响

生产率是觉得一个国家经济增长的决定因素，也是调整产业结构的直接目的，袁富华（2012）对发达国家增长因素进行了分析，阐释了以下事实，即20世纪70年代以后发达国家经济增长的减速，与生产率增长的减速密切相关，而生产率的减速是由于产业结构服务化这种系统性因素造成的，因为当经济结构渐趋成熟，就业向服务业部门集中，高就业比重、低劳动生产率增长率的第三产业的扩张，拉低了这些国家的全社会劳动生产率增长率。毛丰付和潘加顺（2012）基于中国1995~2010年地级以上城市市辖区数据，发现产业结构对中国城市劳动生产率的提升有显著作用，并且呈现阶段性和趋势性特征。总体上看，产业结构的作用为正且呈"倒U型"变动。

产业结构对生产率影响的跨国和跨区域比较研究也是学者们关注的一个问题，杨天宇和刘贺贺（2012）基于三部门的产业结构变迁一般均衡模型，对中印两国的宏观数据进行了比较，试图解释1978年以来中国的总劳动生产率反超印度并持续领先的原因。通过模型校准和增长核算，他们发现中印两国三大产业劳动生产率增长率和劳动力流动壁垒的差异，特别是中国第一、第二产业的劳动生产率增长率高于印度，是导致印度与中国劳动生产率之比不断下降的主要原因。吕健（2012）则以一种地理空间的视角，采用空间面板数据模型，考察了产业结构调整背景下全国和东、中、西部地区1995~2011年经济增长速度与结构性因素之间的关系。实证研究的结果表明，东部地区经济增长已经开始"结构性减速"，西部地区正在"结构性加速"，而中部地区为"加速"与"减速"并存，整体呈现出"结构性加速"，但经济增长分化的格局业已形成。

学者们发现产业结构还是理解不同产业对经济发展产生影响的一个视角。生延超（2012）的研究发现，旅游产业结构是影响区域旅游经济增长的关键因素，旅游产业结构优化是区域旅游经济发展质量和水平的重要标志。在构建多部门经济模型的基础上，利用1992~2008年数据测度出旅游产业结构变动对旅游经济增长的贡献。结果表明：1992~2008年间，中国旅游产业结构变动对旅游经济增长的贡献比较大，平均为3.118%，相应地，占当年旅游经济增长率的比重为4.9529%。

但是，不同于一些研究和政策措施所主张的住宅投资引领经济增长的观点，张清勇和郑环环（2012）运用 1985~2009 年中国各省、直辖市、自治区的数据，对住宅投资与经济增长之间的领先—滞后关系进行分析。结果表明，无论是 1985~2009 年全时段还是以 1998 年大规模房改为分界线的分时段，无论是全国各省市还是分区域的各省市面板数据，认为找不到证据来支持住宅投资带动经济增长的论点。

（三）对汇率的影响

前面有文献表明，国际因素对国内产业结构的调整产生了一定的影响，而学者们发现二者的这种影响并不是单项的，即产业结构也对国际经济活动产生反作用。吴䶮和缪海斌（2012）的研究发现转轨时期中国产业结构的升级可能会影响人民币汇率调整路径。他们运用布兰查德和柯（Blanchard & Quah）提出的对结构性冲击影响进行长期约束的方法，在实际冲击与名义冲击的基础上，进一步分析了产业结构调整对人民币汇率的冲击效应。结果表明，产业结构调整是影响人民币汇率变动的一个重要来源，并且产业结构调整对人民币汇率变动的冲击效应具有明显的结构性特征。实际有效汇率和名义有效汇率波动吸收第一、第二、第三产业和非农产业变化冲击的时期大体相同，分别为 4、9、10 和 4 个季度（期），但相较于对实际有效汇率的冲击，各产业结构调整对名义汇率的冲击效应更为显著，服务业的发展有利于弱化制造业和农业发展对人民币汇率的升值压力对劳动报酬份额变动的影响。张明志和马静（2012）则将视角转向了贸易收支失衡领域，发现产业结构和贸易结构及二者的相互影响对中国贸易收支失衡具有重要的影响作用，进而认为要从根本上解决中国经济的外部失衡，政策的着力点应更多地放在以产业结构调整为核心的结构性问题方面。而张建红等（2012）运用 2003~2009 年中国企业海外并购的数据对 36 个产业国际化与产业特征的关系进行分析。结果表明，产业规模、产业收益、产业要素构成和产业出口强度对产业的海外并购的意向和完成有显著的影响。

（四）对碳排放量的影响

产业结构调整与低碳经济发展相互联系，内在统一，从产业结构角度探讨碳排放强度问题，有利于正确判断和把握影响碳排放量变化的产业因素，有效制定控制碳排放的产业发展政策。杨骞和刘华军（2012）分别以碳排放强度和人均碳排放作为碳排放指标，对 1995~2009 年中国碳排放的区域差异进行结构分解，并实证研究不同碳排放水平的影响因素。结果发现，产业结构是造成碳排放水平差异的重要因素之一。

吴振信等（2012）基于中国 30 个省市区 2000 年到 2009 年的面板数据，建立个体固定效应模型，以研究中国经济增长、产业结构对碳排放的影响。结果表明：

碳排放量和经济增长、产业结构分别存在长期均衡的协整关系；碳排放量和经济增长间呈现倒"U"型特征，当第二产业比重和碳排放量成正比关系，在人均GDP保持不变时，第二产业比重每下降1%，可使得人均碳排放量下降0.3217%，这表明，产业结构调整是影响低碳经济发展的重要因素。李健和周慧（2012）在对我国碳排放总量变化趋势进行分析的基础上，选用2001～2008年全国及28个主要省域的碳排放总量、三次产业比重、单位GDP碳排放量数据，运用灰色关联分析方法，研究了我国碳排放强度与第一产业、第二产业和第三产业之间的关联性，得到以下结论：第二产业是影响地区碳排放强度的主要因素，但第二产业并不是影响地区碳排放量增大的绝对因素；第三产业对地区碳排放强度的降低效应并不明显；第一产业对碳排放强度的影响最小。

王修华和王翔（2012）选取1995～2010年我国碳排放量的数据，通过建立双对数模型，分析了GDP增量和单位GDP碳排放量与产业结构比例之间的关系。结果表明，第一、二产业与第三产业相比耗能高、对国内生产总值贡献率低，提高第三产业比例降低碳排放的同时可实现国民经济的提高，实现产业结构升级和低碳经济发展的耦合。马珩（2012）也指出第三产业比重则会降低中国能源消费，进而会降低碳排放。

四、对国内产业结构和产业政策研究的简要评价

产业政策和产业结构作为发展中国家，特别是东亚国家发展过程中的一个特殊宏观经济政策，有别于西方国家执行的货币和财政政策，并且在现实中长期得到了实施，也取得了显著的经济效果。这种特殊性在经济学研究领域本身就具有十分难得的研究价值，而且也在国外经济学研究领域受到了越来越多的关注。特别在新政治经济学重新崛起后，政治和经济的相互作用已经成为一个重要的研究领域，而政策，则是政治和经济之间不可或缺的重要因素和工具，因此对政策，特别是产业政策的研究无疑是十分重要的。

但是，对国内相关文献的研究中，我们发现国内学术界对产业政策的理论价值还没有给予足够的重视，主要表现为以下几点：

首先，对中国现实产业政策的关注和研究不足。也许是出于对政府文件的麻木或者对政策有效性的质疑，学者对政府颁布的各项政策法规的研究明显不足。不要说针对政策的经济学含义进行抽象和归纳，就是对相关政策的分类整理也非常少见。对政策的详细分析多出现在特定行业，但是，限于其太过具体，很难做出基于大样本的实证分析，而多是做出了具体的案例研究，这显然缺乏一般性。

其次，缺乏对产业政策出台原因的分析。政策作为政治活动的直接结果，其出台必然反映政治活动的规律。由于国外民主政治体制理论已经非常成熟，所以国外政策的出现原因都研究的比较清晰，如中位人投票理论，利益集团理论等，而在东

亚和中国这种政治体制下，相关政策是如何出台的，则是一个需要解释的问题。

再其次，对产业政策效果的研究缺乏客观的实证研究。在对中国产业政策作用的研究中，绝大部分都是对特定行业政策的传达或是理解，接下来就开始主观"预测"政策的效果，而科学的方法恰恰是应该对过去相关政策的结果进行研究。

最后，产业政策对产业结构的影响多被忽视。这二者之间关系的重要性即使从字面上也可以看得出来，然而让人惊讶的是，学术界专门从事二者之间关系的研究竟然很少。

参 考 文 献

1. 陈斌开、林毅夫：《金融抑制、产业结构与收入分配》，载《世界经济》2012年第1期。
2. 何记东、史忠良：《产能过剩条件下的企业扩张行为分析》，载《江西社会科学》2012年第3期。
3. 雷玷、雷娜：《产业政策、产业结构与经济增长的实证研究》，载《经济问题》2012年第4期。
4. 李非、张路阳：《21世纪以来台湾高科技产业发展困境与出路探讨》，载《台湾研究集刊》2012年第2期。
5. 李娜、王飞：《中国主导产业演变及其原因研究：基于DPG方法》，载《数量经济技术经济研究》2012年第1期。
6. 李郇、殷江滨：《国外区域一体化对产业影响研究综述》，载《城市规划》2012年第5期。
7. 李文秀：《服务业FDI能促进服务业集聚吗?》，载《财贸经济》2012年第3期。
8. 李健、周慧：《中国碳排放强度与产业结构的关联分析》，载《中国人口·资源与环境》2012年第1期。
9. 刘斌：《北京动漫产业政策实施效果与评价》，载《现代传播》2013年第1期。
10. 刘明宇、芮明杰：《价值网络重构、分工演进与产业结构优化》，载《中国工业经济》2012年第5期。
11. 刘佳、朱桂龙：《基于投入产出表的我国产业关联与产业结构演化分析》，载《统计与决策》2012年第2期。
12. 柳光强、田文宠：《完善促进战略性新兴产业发展的税收政策设想》，载《中央财经大学学报》2012年第3期。
13. 林毅夫：《新结构经济学——反思经济发展与政策的理论框架》，北京大学出版社2012年版。
14. 吕健：《产业结构调整、结构性减速与经济增长分化》，载《中国工业经济》2012年第9期。

15. 马珩：《中国城市化和工业化对能源消费的影响研究》，载《中国软科学》2012年第1期。

16. 马颖、李静余、官胜：《贸易开放度、经济增长与劳动密集型产业结构调整》，载《国际贸易问题》2012年第9期。

17. 毛丰付、潘加顺：《资本深化、产业结构与中国城市劳动生产率》，载《中国工业经济》2012年第10期。

18. 孟昌：《产业结构研究进展述评》，载《现代财经》2012年第1期。

19. 聂爱云、陆长平：《制度约束、外商投资与产业结构升级调整》，载《国际贸易问题》2012年第2期。

20. 石奇、孔群喜：《动态效率、生产性公共支出与结构效应》，载《经济研究》2012年第1期。

21. 束克东、张斌、戴明曦：《亨利·凯里的经济学说及其对我国产业政策的启示》，载《郑州大学学报（哲学社会科学版）》2012年第11期。

22. 孙军、高彦彦：《产业结构演变的逻辑及其比较优势》，载《经济学动态》2012年第7期。

23. 孙晶、李涵硕：《金融集聚与产业结构升级》，载《经济学家》2012年第3期。

24. 生延超：《旅游产业结构优化对区域旅游经济增长贡献的演变》，载《旅游学刊》2012年第10期。

25. 谭小芬、姜喵喵：《人民币汇率升值的产业结构调整效应》，载《宏观经济研究》2012年第3期。

26. 潘辉：《碳关税对中国出口贸易的影响及应对策略》，载《中国人口·资源与环境》2012年第2期。

27. 潘敏、缪海斌：《产业结构调整与中国通货膨胀缺口持久性》，载《金融研究》2012年第3期。

28. 谢康、肖静华、周先波、乌家培：《中国工业化与信息化融合质量：理论与实证》，载《经济研究》2012年第1期。

29. 王克强、胡海生、刘红梅：《中国地方土地财政收入增长影响因素实证研究》，载《财经研究》2012年第4期。

30. 王修华、王翔：《产业结构升级与低碳经济发展的耦合研究》，载《软科学》2012年第3期。

31. 吴鞾、缪海斌：《中国产业结构调整对汇率变动的冲击效应分析》，载《国际金融研究》2012年第1期。

32. 吴振信、谢晓晶、王书平：《经济增长、产业结构对碳排放的影响分析》，载《中国管理科学》2012年第3期。

33. 夏能礼、许焰妮：《"发展型政府"的理论批判：基于东亚历史的经验》，载《理论探讨》2012年第2期。

34. 向勇、权基永：《国政方向与政策制定：韩国文化产业政策史研究》，载《福建论坛·人文社会科学版》2012年第8期。

35. 谢康、肖静华、周先波、乌家培：《中国工业化与信息化融合质量：理论与实证》，载《经济研究》2012年第1期。

36. 严奇春、和金生：《基于层次与过程的产业融合形式探讨》，载《软科学》2012年第3期

37. 闫肃：《产业结构变迁、劳动力转移与收入分配：基于VAR模型的实证研究》，载《财经论丛》2012年第1期。

38. 杨天宇、刘贺贺：《产业结构变迁与中印两国的劳动生产率增长差异》，载《世界经济》2012年第5期。

39. 杨骞、刘华军：《中国二氧化碳排放的区域差异分解及影响因素》，载《数量经济技术经济研究》2012年第5期。

40. 杨天宇、刘贺贺：《产业结构变迁与中印两国的劳动生产率增长差异》，载《世界经济》2012年第5期。

41. 袁富华：《长期增长过程的"结构性加速"与"结构性减速"》，载《经济研究》2012年第3期。

42. 张磊、石涛：《劳动报酬占比变动的产业结构调整效应分析》，载《中国工业经济》2012年第8期。

43. 张建红、葛顺奇、周朝鸿：《产业特征对产业国际化进程的影响——以跨国并购为例》，载《南开经济研究》2012年第2期。

44. 张捷、周雷：《国际分工对产业结构演进的影响及其对我国的启示》，载《国际贸易问题》2012年第1期。

45. 张同斌、高铁梅：《财税政策激励、高新技术产业发展与产业结构调整》，载《经济研究》2012年第5期。

46. 张琴：《国际产业转移对我国产业结构的影响研究》，载《国际贸易问题》2012年第4期。

47. 张清勇、郑环环：《中国住宅投资引领经济增长吗？》，载《经济研究》2012年第2期。

48. 张军：《邓小平是对的：理解中国经济发展的新阶段》，载《复旦学报（社会科学版）》2013年第1期。

49. 张文、郭苑：《城乡收入差距演化与就业结构转化的关系研究》，载《经济体制改革》2012年第3期。

50. 张文玺：《中日韩产业结构升级和产业政策演变比较及启示》，载《现代日本经济》2012年第4期。

51. 张志、周浩：《交通基础设施的溢出效应及其产业差异》，载《财经研究》2012年第3期。

52. 张明志、马静：《产业结构影响中国贸易收支失衡的理论分析与实证检

验》,载《国际贸易问题》2012年第1期。

53. 周天勇、张弥:《全球产业结构调整新变化与中国产业发展战略》,载《财经问题研究》2012年第2期。

An Analysis of the Effect of Industrial Structure on the Performance in China Based on the Recent Domestic Literature

Guo Guangzhen

(School of Econmics, Fudan University, Shanghai 200433, China)

Abstract: There are many perspectives of the relevant literature of industrial structure. We believe that the analysis of the industrial structure's impact factor is the study of the starting point, while the impact results of the industrial structure analysis is the purpose of the study. Given the dynamic nature and timeliness of the industrial structure, we made the review and comparative analysis of domestic industrial structure influencing factors and affect the results in 2012 and combing the 2012 major domestic industrial policy. In the last of this article, we have made a simple evaluation.

Key Words: Industrial Policy; Industrial Structure; Market; Govenment

JEL Classifications: L1 Y5

〔诺奖概览〕

诺贝尔经济学奖得主概览

在 1895 年,按照瑞典实业家阿尔弗雷德·诺贝尔的遗嘱设立了五项数额巨大的奖金,每年授予在生理学或医学、化学、物理学、文学与和平方面给人类带来重大利益的人。只是到了 1968 年瑞典中央银行才正式设立诺贝尔经济学奖。表 1 列出了历届诺贝尔经济学奖的情况。

表 1　历届诺贝尔经济学奖得主概览

获奖年份	获奖者(国籍)	主要贡献
1969 年	拉格纳·弗里希(挪威) 简·丁伯根(荷兰)	经济计量学 经济计量学
1970 年	保罗·萨缪尔森(美国)	数理经济学;新古典综合凯恩斯主义
1971 年	西蒙·库兹涅茨(美国)	国民收入账户
1972 年	肯尼斯·阿罗(美国) 约翰·R·希克斯(英国)	福利经济学;一般均衡 微观经济理论
1973 年	瓦西里·里昂惕夫(美国)	投入—产出分析
1974 年	贡纳尔·缪尔达尔(瑞典) 弗里德里希·冯·哈耶克(英国)	宏观经济学;旧制度经济学 货币理论;奥地利学派
1975 年	列昂尼德·康托罗维奇(苏联) 加林·库普曼(美国)	线性规划 线性规划
1976 年	米尔顿·弗里德曼(美国)	货币理论;货币主义
1977 年	贝蒂·俄林(瑞典) 詹姆斯·米德(英国)	国际贸易经济学 国际贸易政策
1978 年	赫伯特·西蒙(美国)	管理行为;有限理性
1979 年	W. 阿瑟·刘易斯(英国) 西奥多·舒尔茨(美国)	发展经济学 农业;人力资本经济学
1980 年	劳伦斯·克莱因(美国)	经济计量预测
1981 年	詹姆斯·托宾(美国)	宏观经济学;金融经济学
1982 年	乔治·斯蒂格勒(美国)	产业组织理论;信息经济学
1983 年	杰拉德·德布鲁(美国)	福利经济学;一般均衡
1984 年	理查德·斯通(英国)	国民收入账户
1985 年	弗朗哥·莫迪格利亚尼(美国)	储蓄理论
1986 年	詹姆斯·布坎南(美国)	公共选择理论
1987 年	罗伯特·索洛(美国)	经济增长理论
1988 年	莫里斯·阿莱西(法国)	公共部门定价

续表

获奖年份	获奖者（国籍）	主要贡献
1989 年	特里夫·哈维默（挪威）	经济计量学
1990 年	哈里·马科维茨（美国） 威廉·夏普（美国） 莫顿·米勒（美国）	金融经济学 金融经济学 金融经济学
1991 年	罗纳德·科斯（美国）	产权与交易成本；新制度经济学
1992 年	加里·贝克尔（美国）	人力资本；歧视；家庭经济学
1993 年	罗伯特·福格尔（美国） 道格拉斯·诺思（美国）	经济史；历史计量学 新经济史学；制度分析
1994 年	约翰·海萨尼（美国） 约翰·纳什（美国） 莱因哈德·泽尔腾（德国）	博弈论 博弈论 博弈论
1995 年	小罗伯特·卢卡斯（美国）	新古典宏观经济学；理性预期
1996 年	詹姆斯·莫里斯（英国） 威廉·维克里（美国）	微观经济学 微观经济学
1997 年	罗伯特·莫顿（美国） 迈伦·斯科尔斯（美国）	金融经济学 金融经济学
1998 年	阿玛蒂亚·森（印度）	发展经济学；收入分配
1999 年	罗伯特·蒙代尔（美国）	宏观经济学； 最优货币流通区域
2000 年	詹姆斯·赫克曼（美国） 丹尼尔·麦克法登（美国）	微观经济计量学 自选择行为
2001 年	乔治·阿克洛夫（美国） 迈克尔·斯彭斯（美国） 约瑟夫·斯蒂格利茨（美国）	信息不对称经济学；柠檬市场 信息不对称经济学；劳动市场 信息不对称经济学；新凯恩斯经济学
2002 年	丹尼尔·卡尼曼（以色列和美国） 弗农·史密斯（美国）	行为经济学；行为金融学 实验经济学
2003 年	罗伯特·恩格尔（美国） 克莱夫·格兰杰（英国）	经济计量学 经济计量学
2004 年	芬恩·基德兰德（挪威） 爱德华·普雷斯科特（美国）	真实经济周期 真实经济周期
2005 年	罗伯特·奥曼（以色列和美国） 托马斯·谢林（美国）	博弈论 博弈论；合作与冲突
2006 年	埃德蒙·费尔普斯（美国）	宏观经济学；通货膨胀与预期

续表

获奖年份	获奖者（国籍）	主要贡献
2007 年	列昂尼德·赫维茨（美国） 埃里克·马斯金（美国） 罗杰·迈尔森（美国）	机制设计理论 机制设计理论 机制设计理论
2008 年	保罗·克鲁格曼（美国）	新贸易理论；新经济地理学
2009 年	埃莉诺·奥斯特罗姆（美国） 奥利弗·威廉姆森（美国）	公共资源治理 新制度经济学；企业与组织理论
2010 年	彼得·戴蒙德（美国） 戴尔·莫特森（美国） 克里斯托弗·皮萨里德斯（英国）	劳动经济学；搜寻性失业 劳动经济学；摩擦性失业 劳动经济学；搜寻与匹配性失业
2011 年	托马斯·萨金特（美国） 克里斯托弗·西姆斯（美国）	新古典宏观经济学；理性预期 宏观经济学；向量自回归
2012 年	埃尔文·罗斯（美国） 罗伊德·沙普利（美国）	稳定匹配理论；市场设计；合作博弈论 稳定匹配理论；市场设计；合作博弈论
2013 年	尤金·法玛（美国） 拉尔斯·汉森（美国） 罗伯特·希勒（美国）	金融经济学；有效市场假说 广义矩阵方法；新古典宏观经济学 行为金融学；非理性繁荣；新凯恩斯经济学

1978 年诺奖得主西蒙简介

赫伯特·亚历山大·西蒙（Herbert Alexander Simon，1916~2001），1916 年 6 月 15 日出生于美国威斯康星州米尔沃尔。西蒙的家庭是一个典型的美国中产阶级家庭，父亲是德国移民，犹太人，电气工程师，受过严谨的德国式大学教育，一生有几十项发明专利，母亲来自一个钢琴世家，在音乐专科学校任教。父亲的严谨认真、一丝不苟，对西蒙的性格有着重大影响，而母亲则给他留下了一手出色的钢琴技艺。西蒙的天资过人，6 岁上学，小学就跳了几级，不足 17 岁就高中毕业。因此，在高中和大学，他要比同班的学生小两三岁。在同学们中间，留下较深印象的是他的聪明、色盲和左撇子习惯。

1933 年上芝加哥大学时，他本来想学经济学，但学经济学要求先修一门会计课程，于是，他尽管已经读过大量经济学书籍，还是选择了没有先修课程要求的政治学专业。大学二年级时，他就修完了政治学方面的课程，把自己的精力放在物理学、心理学、计量经济学和逻辑学等方面。由此，奠定了他运用严格的数理逻辑研究社会科学的学术方向。1936年他从芝加哥大学毕业，取得政治学学士学位。之后，他应聘到国际城市管理者协会工作，很快成为用数学方法衡量城市公用事业的效率的专家。在那里，他第一次用上了计算机，对计算机的兴趣和实践经验对他后来的事业产生了重要影响。1937年在威斯康星州米尔沃尔，与芝加哥大学社会学系秘书多萝西娅·派伊结婚。1939年转至加州大学伯克利分校，负责由洛克菲勒基金会资助的一个项目。这期间，他完成了博士论文，内容是关于组织机构如何决策的研究。这一论文成为其代表作《管理行为》的雏形。1942年在完成洛克菲勒基金项目以后，西蒙转至伊利诺伊理工学院政治科学系，在那里工作了7年，其间还担任过该系的系主任。1943年在芝加哥大学被授予政治学博士学位。1949年任卡内基—梅隆大学心理学和电脑科学教授。1956年夏天数十名来自数学、心理学、神经学、计算机科学与电气工程等各种领域的学者聚集在位于美国新罕布什尔州汉诺威市的达特茅斯学院，讨论如何用计算机模拟人的智能，并根据麦卡锡的建议，正式把这一学科领域命名为"人工智能"。西蒙和纽厄尔参加了这个具有历史意义的会议，而且他们带到会议上去的"逻辑理论家"是当时唯一可以工作的人工智能软件。因此，西蒙、纽厄尔以及达特茅斯会议的发起人麦卡锡和明斯基被公认为是人工智能的奠基人，被称为"人工智能之父"。1958年荣获美国心理学会杰出贡献奖。1960年西蒙夫妇做了一个有趣的心理学实验，这个实验表明人类解决问题的过程是一个搜索的过程，其效率取决于启发式函数（heuristic function）。1966年西蒙、纽厄尔和贝洛尔（Baylor）合作，开发了最早的下棋程序之一——MATER。1968年被任命为总统科学顾问委员会委员。1969年美国心理学会由于西蒙在心理学上的贡献而授予他"杰出科学贡献奖"。20世纪60年代末70年代初西蒙提出"决策模型理论"这一核心概念，为当前受到极大重视的决策支持系统DSS（Decision Support System）奠定了理论基础。1970年在研究自然语言理解的过程中，西蒙发展与完善了语义网络的概念和方法，把它作为知识表示（knowledge representation）的一种通用手段，并取得很大成功。1975年他和艾伦·纽厄尔因为在人工智能、人类心里识别和列表处理等方面进行的基础研究，荣获计算机科学最高奖——图灵奖。1976年西蒙和纽厄尔给"物理符号系统"下定义，提出了"物理符号系统假说"，成为人工智能中影响最大的符号主义学派的创始人和代表人物。1976—1983年西蒙和兰利（Langley）、布拉茨霍夫（Bradshaw）合作，设计了有6个版本的BACON系统发现程序，重新发现了一系列著名的物理、化学定律，证明了西蒙曾多次强调的论点即科学发现只是一种特殊类型的问题求解，因此也可以用计算机程序实现。1978年由于西蒙对"经济组织内的决策过程进行的开创性的研究"，荣获诺贝尔经济学奖，也是世界上第一位荣获诺贝尔经济学奖金（1978）的心理学家。

西蒙主要著作包括：《管理行为》（1947、1957、1976）；《公共管理》（与斯密斯伯格合作，1950）；《组织》（与马奇合作，1958）；《管理决策新科学》（1960、1975、1977）；《思维模型》（1979）；《有限理性模型》（1982）；《我的生活模型》（1991）；《人工智能科学》（1996）等。

1. 有限理性理论创始人

西蒙认为现实生活中作为管理者或决策者的人是介于完全理性与非理性之间的"有限理性"的"管理人"。"管理人"的价值取向和目标往往是多元的，不仅受到多方面因素的制约，而且处于变动之中乃至彼此矛盾状态；"管理人"的知识、信息、经验和能力都是有限的，他不可能也不企望达到绝对的最优解，而只以找到满意解为满足。在实际决策中，"有限理性"表现为：决策者无法寻找到全部备选方案，也无法完全预测全部备选方案的后果，还不具有一套明确的、完全一致的偏好体系，以使它能在多种多样的决策环境中选择最优的决策方案。西蒙的管理理论关注的焦点，正是人的社会行为的理性方面与非理性方面的界限，它是关于意识理性和有限理性的一种独特理论——是关于那些因缺乏寻找最优的才智而转向寻求满意的人类行为的理论。

西蒙在他的《管理行为》一书中几乎只是针对"完全理性"和非理性提出他的"有限理性"观点，但对"有限理性"的深入论述是在他以后对人类的认知系统的研究中逐渐完善的，这也是对"有限理性"进一步研究必然导致的结果。西蒙在他的《人类的认知——思维的信息加工理论》中讲到，根据米勒等人的发现，短时记忆的容量只有 7±2 项（西蒙认为可能是 4 项）；从短时记忆向长时记忆存入一项需要 5~10 秒钟（西蒙认为可能是 8 秒钟）；记忆的组织是一种表列等级结构（类似于计算机的内存有限，从内存到外存的存取需要时间，以及计算机的储存组织形式）。这些是大脑加工所有任务的基本生理约束。正是这种约束，使思维过程表现为一种串行处理或搜索状态（同一时间内考虑的问题是有限的），从而也限制了人们的注意广度（选择性注意）以及知识和信息获得的速度和存量。与此相适应，注意广度和知识范围的限制又引起价值偏见和目标认同（类似于无知和某种目的意识所产生的宗教或信仰），而价值偏见和目标认同反过来又限制人们的注意广度和知识信息的获得（类似于宗教或信仰对科学和经验事实的抵制和排斥）。

因此，西蒙认为，有关决策的合理性理论必须考虑人的基本生理限制以及由此而引起的认知限制、动机限制及其相互影响的限制。从而所探讨的应当是有限的理性，而不是全知全能的理性；应当是过程合理性，而不是本质合理性；所考虑的人类选择机制应当是有限理性的适应机制，而不是完全理性的最优机制。决策者在决策之前没有全部备选方案和全部信息，而必须进行方案搜索和信息收集；决策者没有一个能度量的效用函数，从而也不是对效用函数求极大化，而只有一个可调节的欲望水平，这个欲望水平受决策者的理论和经验知识、搜索方案的难易、决策者的个性特征（如固执性）等因素调节，以此来决定方案的选定和搜索过程的结束，从而获得问题的满意解决。因此"管理人"之所以接受足够好的解，并不是因为他宁劣勿优，而是因为他根本没有选择的余地，根本不可能获得最优解。

西蒙教授从生理学及心理学层面对"管理人"进行了科学而精细的分析，其对信息处理的有关论述具有十分重要的意义，其眼光远大，见解深刻，对当代大量信息的处理提出了指导性建议。在信息社会时代到来之际，随着计算机网络、电话等通信技术的迅速发展，我们面临的"信息危机"不是由于信息匮乏，而是信息数量过剩的问题，即"信息爆炸"带来的问题，"在信息社会，没有控制和组织不再是一种资源，它倒反而成为信息工作者的敌人"。在这种"信息爆炸"的生活环境中，意识到"人的理性是有限的"（即人的精力是非常有限的）这一现实是十分重要的，它将能更好地指导我们集中精力搜寻有效、合适、满意的信息量，而不是搜寻所有相关信息，只有这样才可能有效地思考问题、解决问题，而不是一味地追求最优解。

2. 西蒙的决策理论

作为管理学科的一个重要学派，决策理论学派着眼于合理的决策，即研究如何从各种可能的抉择方案中选择一种"令人满意"的行动方案。赫伯特·西蒙是决策学派的主要代表人物。该学派吸收了系统理论、行为科学、运筹学和计算机科学等学科的研究成果，在20世纪70年代形成了一个独立的管理学派。

决策理论学派的理论基础是经济理论，特别是消费者抉择理论，即在一定的"合理性"前提下，通过对各种行为的比较和选择，使总效用或边际效用达到最大。因此，它们也是决策理论学派的主要决策对象。

决策理论学派很重视对决策者本身的行为和品质的研究。西蒙和马奇在《组织》一书中，将"决策人"作为一种独立的管理模式，即认为组织成员都是为实现一定目的而合理地选择手段的决策者。

西蒙指出组织中经理人员的重要职能就是做决策。

（1）决策的制定包括四个主要阶段：①找出制定决策的根据，即收集情报；②找到可能的行动方案；③在诸行动方案中进行抉择，即根据当时的情况和对未来发展的预测，从各个备择方案中选定一个方案；④对已选择的方案及其实施进行评价。决策过程中的最后一步，对于保证所选定方案的可行性和顺利实施而言，又是关键的一步。经过综合概括，发现在这四个阶段中，公司经理及其职员们用很大部分工作时间来调查经济、技术、政治和社会形势，来判别需要采取新行动的新情况。

（2）决策分为程序化决策和非程序化决策。

管理者的行为是要掌握全部的管理技能，在适当的场合加以应用，并把注意力投入到需要思考的新问题上。西蒙把组织决策分为两种类型：程序化决策和非程序化决策。对于一个合格的、优秀的决策者，熟练运用程序化决策是基本前提；而往往如何运用非程序化决策更能考察决策者的决策水平。决策者要在熟练运用程序化决策的前提下，运用直觉、判断和创造性提高自己非程序化决策的能力。

所谓程序化决策，就是那些带有常规性、反复性的例行决策，可以制定出一套例行程序来处理的决策。例如，为普通顾客的订货单标价，办公用品的订购，有病职工的工资安排等等。所谓非程序化决策，则是指对那些过去尚未发生过，或其确切的性质和结构尚捉摸不定或很复杂，或其作用十分重要而需要用现裁现做的方式加以处理的决策。例如，某公司决定在以前没有经营过的国家里建立营利组织的决策，新产品的研制与发展决策等。但是这两类决策很难绝对分清楚，它们之间没有明显的分界线，只是像光谱一样的连续统一体。

（3）不同类型的决策需要不同的决策技术。决策技术又分为传统技术和现代技术。传统技术是一种古典技术，是从有记载的历史到目前这一代一直为某些经理和组织所使用的工具箱，现代技术则是第二次世界大战后发展起来的一系列新技术。

以西蒙为代表的决策理论学派的理论与传统的决策理论及其他学派相比，有以下基本特征：

（1）决策是管理的中心，决策贯穿管理的全过程。西蒙认为，任何作业开始之前都要先做决策，制订计划就是决策，组织、领导和控制也都离不开决策。

（2）在决策准则上，用满意性准则代替最优化准则。西蒙认为，完全的合理性是难以做到的，管理中不可能按照最优化准则来进行决策。首先，未来含有很多的不确定性，信息不完全，人们不可能对未来无所不知；其次，人们不可能拟订出全部方案，这既不现实，有时也是不必要的；最后，即使用了最先进的计算机分析手段，也不可能对各种可能结果形成一个完全而一贯的优先顺序。

（3）强调集体决策与组织对决策的影响。西蒙指出，经理的职责不仅包括本人制定决策，也包括负责使他所领导的组织或组织的某个部门能有效地制定决策。他所负责的大量决策制定活动并非仅仅是他个人的活动，同时也是他下属人员的活动。

（4）发展人工智能，逐步实现决策自动化。西蒙在他所著的《管理决策新科学》一书中，用了大量篇幅来总结计算机在企业管理中的应用，特别是计算机在高层管理及组织结构中的应用。

西蒙等人认为，一个企业组织机构的建立及企业的分权与集权不能脱离决策过程而孤立地存在，必须要与决策过程有机地联系起来。西蒙等人非常强调信息联系在决策中的作用。他们把信息联系定为"决策前提赖以从一个组织成员传递给另一个成员的任何过程"。西蒙认为，今天关键性的任务不是去产生、储存或分配信息，而是对信息进行过滤，加工处理成各个有效的组成部分。今天的稀有资源已不是信息，而是处理信息的能力。

西蒙认为，企业在制订计划和对策时，不能只考虑"攫取利润"这一目标，必须统筹兼顾，瞻前顾后，争取若干个相互矛盾的目标一同实现。其决策理论以"有限度的合理性"而不是"最大限度的利润"为前提，应采用"符合要求"的原则。这一理论的典型例子有"分享市场"、"适当利润"、"公平价格"。在决策方式上，他主张群体决策。群体参加决策的优点是，群体成员不会同时犯同样的错误。可以避免决策的失误。群体参加决策可将问题分成若干部分、分别交给专家处理，从而加速问题的解决和提高解决的质量。

3. 市场机制与政府调节关系再认识

西蒙认为，在现实世界中，只存在有限理性的"管理人"。管理人做出选择之前，由于信息、时间、认知能力、处理能力等各方面的限制，他们只能考虑少数几个最攸关、最关键的情境要素，只要满足了管理人的期望水平，他们就做出选择。因此西蒙认为经营企业的管理者应该是一心解决问题的决策者，而不是一心谋利的企业家。因此，如果说世界如此复杂，而我们理解这个世界的能力又那么有限，那么我们该怎么办呢？西蒙的回答是这样的："我们应该限制我们的选择自由，以便缩小我们不得不应对的问题的范围，减少其复杂性"。也就是说，这样的选择自由限制，使人们用不着经常做出新的决定了。据此，人们排队的惯例，无须是为了赶上下一趟公交车，而在拥挤不堪的汽车站里计算自己应该站在什么位置。那么有限理性理论对于政府干预市场有什么建议呢？相对于自由市场经济学家反对政府调节市场行为，是因为政府并不比那些被政府调节的对象知道得更清楚，因此，政府不可能提高政府官员的决策水平。但是西蒙有限理性理论表明，不少政府干预之所以发挥作用，并不是因为政府比被调节对象知道得更清楚，而是因为限制了被调节对象的活动的复杂性，而正是这种现象活动的复杂性才使被调节对象经常能够做出更好的决策。基于西蒙有限理性理论可以得出，不是因为政府知道得更清楚，而是因为我们谦逊地承认了自身认知能力的有限性，才需要我们对市场进行调节。除非通过制定限制性的规则有意识地限制我们的选择，借此简化我们应对的环境，否则，我们的有限理性就应对不了这个世界的复杂性，这是关于风险（可计算概率的不确定性）与不确定性（不可计算概率的风险）两分法的关键所在。

受母亲的影响，西蒙多才多艺，钢琴、象棋、徒步旅行、绘画及学外语等，都是他的兴趣所在。相对于他广泛的兴趣和复杂的学科研究领域，包括组织行为学、商业管理学、经济学、认知心理学以及人工智能学等，这位典型的学院式学者更喜欢过一种简单的生活，他每天步行一英里去上班。他的学生回忆说："进入他的办公室就是一种知识的奇遇。无论什么话题，你都会发现你是在和一个无所不知又时刻在寻求各类问题答案的人在交锋。"有一次他的学生问他："为什么你能掌握这么多领域的学识？"西蒙的回答是："我是沉迷于单一事物的偏执狂，我所沉迷的就是决策"。

"我诚然是一个科学家，但是许多学科的科学家。我曾经在科学迷宫中探索，这些迷宫并未连成一体。我的抱负未能扩大到如此程度，使我的一生有连贯性。我扮演了许多不同角色，角色之间有时难免互相借用。但我对我所扮演的每一种角色都是尽了力的，从而是有信誉的，这也就足够了"。而西蒙的成就正在于他将各学科的知识借用到管理学上。1978年瑞典皇家科学院授予赫伯特·西蒙诺贝尔经济学奖时，这样评价他的贡献："现代企业经济学和管理研究大部分基于西蒙的思想。"

《国有经济评论》投稿体例

《国有经济评论》(*Review of Public Sector Economics*)是由吉林大学中国国有经济研究中心主办、中国工业经济学会和吉林大学经济学院协办,经济科学出版社公开出版的国有经济方面的学术文集。《国有经济评论》结合中国国情,以推进中国国有经济科学领域的学术研究现代化和国际化,进一步推动中国国有经济理论发展,在借鉴公共部门经济学的普遍性理论基础上着眼于我国国有经济特殊性研究,为市场经济条件下政府与私人部门、垄断与竞争关系进行探讨,以加强中国国有经济领域中海内外学者之间的学术交流与合作为宗旨。

《国有经济评论》是专门介绍和发表中国国有经济理论与实践的理论、思想交流平台,广泛动员国内外学者和社会力量,共同关注中国国有经济问题,开展全面、深入细致的研究。倡导规范、严谨的研究方法,鼓励理论创新和经验研究相结合的研究路线。

《国有经济评论》欢迎原创性的理论创新、经验和评论性的国有经济方面的论文(含译文),下设"国有经济基础理论"、"国有企业改革与发展"、"国有金融理论"、"产业经济"、"公共财政"、"中外国有企业比较",以及"文献综述"、"书评"等部分。真诚欢迎大家投稿,以下是投稿体例说明。

1. 除海外学者外,稿件一般使用中文。作者投稿时将打印稿寄至:吉林省长春市前进大街2699号,吉林大学中国国有经济研究中心《国有经济评论》编辑部,邮编:130012;电话0431-85166629;或发送电子邮件到 rpse@ jlu. edu. cn。

2. 文章首页应包括:

(1) 中文文章标题;(2) 200字左右的中文摘要;(3) 3~5个关键词。

3. 文章的正文标题、表格、图形、公式以及脚注须分别连续编号。大标题居中,编号有一、二、三;小标题左齐,编号有(一)、(二)、(三);其他用阿拉伯数字。

4. 文章末页应包括:

(1) 参考文献目录,按作者姓名的汉语拼音(或英文名字)顺序排列;(2) 英文文章标题;(3) 与中文摘要和关键词对应的英文摘要和英文关键词;(4) 2~4个 JEL(Journal of Economic Literature)分类号;(5) 作者姓名、通信地址、邮编、联系电话和 E-mail 地址。

参考文献格式举例如下：

1. 樊纲：《公有制宏观经济理论大纲》，上海三联书店、上海人民出版社2003年版。
2. 约翰·维克斯、乔治·亚罗：《私有化的经济学分析》，重庆出版社2006年版。
3. 约瑟夫·斯蒂格利茨：《公共部门经济学》，中国人民大学出版社2005年版。
4. 刘怀德：《论国有经济的规模控制》，载《经济研究》2001年第6期。
5. Bos, D., 1986: *The Public Enterprise Economics*, Amsterdam: North-Holland.
6. Faulhaber, Gerald R., 1975: Cross-Subsidization: Pricing in Public Enterprises, *American Economic Review*, Vol. 65, No. 5.

5. 稿件提倡精悍，但不做严格的字数限制，"文献综述"、"论文（含译文）"部分的文章宜在10000字左右。

6. 投稿以中文为主，海外学者可用英文投稿，但必须是未发表的稿件。稿件如果录用，将翻译成中文，由作者审查定稿。文章在发表后，作者可以继续在中国以外以英文发表。

7. 在收到您的稿件后，即认定您已授权使用。实行匿审制度，在收到稿件后3个月内给予作者是否录用的答复。因工作量大，所收稿件恕不退还，请作者自留底稿。

《国有经济评论》的成长与提高离不开各位同仁的鼎力支持！我们诚挚地邀请海内外经济学界的同仁踊跃投稿。我们的愿望是：经过各位同仁的共同努力，使中国国有经济研究能够结出更丰硕的果实，为中国特色社会主义市场经济体制创新研究做出贡献！